Grundlagen der Medienkommunikation   Band 1

Herausgegeben von Erich Straßner

Dieter Baacke

Medienpädagogik

Niemeyer

© für die Titelillustration: Doris Eisenburger.
Wir danken Frau Eisenburger für die freundliche Genehmigung der Wiederverwendung.

5 4 3 2

Bibliografische Information der Deutschen Nationalbibliothek

Die Deutsche Nationalbibliothek verzeichnet diese Publikation in der Deutschen Nationalbi-
bliografie; detaillierte bibliografische Daten sind im Internet über *http://dnb.ddb.de* abrufbar.

ISBN 978-3-484-37101-9   ISSN 1434-0461

© Max Niemeyer Verlag, Tübingen 2007
Ein Unternehmen der Walter de Gruyter GmbH & Co. KG
http://www.niemeyer.de
Satz: Anne Schweinlin, Tübingen
Gesamtherstellung: AZ Druck und Datentechnik GmbH, Kempten

Inhaltsverzeichnis

1. Die Vermessung des Feldes

Seitdem das Stichwort Informationsgesellschaft' in den letzten Jahren immer häufiger verwendet wurde zur Kennzeichnung sozialen Wandels moderner Gesellschaften sowie ihrer Zukünfte, hat die Medienpädagogik (als Teildisziplin der Erziehungswissenschaft) eine verstärkte Beachtung gefunden und damit ihren Stellenwert erheblich verbessert. Es gibt eine Fülle von Fragen, auf die von ihr Antworten erwartet werden, beispielsweise:

1. Stimmt die These, daß die neuen Informationstechniken die Gesellschaft zunehmend in zwei soziale Gruppen spalten (Wissenskluft-These)? Die einen können mit Computer, Videogeräten und vermehrten Programmangeboten produktiv umgehen; sie nutzen alle diese Geräte für ihre berufliche Fortbildung und Förderung, für die Kultivierung ihrer Person und als stimulierende Unterhaltung. Die andere Gruppe, die weniger Gebildeten, versackt dagegen im ‚Unterhaltungsslalom‘ d. h. sie vermeidet informative Beiträge und nutzt die neuen Medien nicht für ihre eigene Entwicklung. Dazu gehören die, die allenfalls Tele- und Videospiele spielen, die die Medien aber nicht in ihren interaktiven Möglichkeiten oder zur Fortbildung nutzen. Es ist diese Gruppe, deren gesellschaftspolitische Aktivitäten durch das überhandnehmende Medienangebot eher beeinträchtigt werden.

2. Stirbt das Kino angesichts der vielen Fernsehprogramme schon heute und der zu erwartenden digitalen Verbreitungstechnik endgültig aus? Warum sind es vor allem Jugendliche, die noch ins Kino gehen, und ist das Kino für sie vielleicht sogar ein wichtiger Treffort, den man pflegen sollte?

3. Was passiert, wenn jemand ins Krankenhaus kommt und von der gewohnten Medienumgebung isoliert wird, zu der schließlich auch die Freunde aus den Fernsehprogrammen, für Kinder etwa die Figuren der „Sesamstraße“, „Alf“, „Night Rider“ oder andere gehören?

4. Erschließen die zunehmend bereitstehenden Server in den Netzen neue Lernwege, die in einer Verbindung aus Sprache, Sprechen, stehendem und bewegtem Bild, Tönen, Musik, Graphiken, Simulationen bestehen und damit das bisherige Lernen nicht nur der Form nach, sondern auch in seinen Inhalten in Frage stellen? Oder ist es eher so, daß die Kombination unterschiedlicher Wahrnehmungsmodalitäten eher ablenkt und das eigentliche Lernen weiterhin über die Diskursivität von Sprache, Sprechen, Schrift und Buch erfolgt? Leisten

die Medien damit letztlich nur eine unterrichtstechnologische Verbesserung von Lernprozessen, ohne sie ganz neu zu strukturieren?

5. Nicht nur die Gewalt auf den Straßen, auch die gezeigte Gewalt in den Medien nimmt zu: Sollte der Jugendschutz einschreiten, und welche Formen gibt es hier, die die Freiheit des mündigen Rezipienten nicht unnötig und unbotmäßig einschränken?

6. Welche Wirkungen haben Gewalt- und Horror-Darstellungen sowie pornographische Produkte auf Kinder und Jugendliche, die sich vielleicht nach diesen Mustern orientieren? Könnte es sein, daß ein verzerrtes Weltbild entsteht, neben Gewaltbereitschaft auch zuviel Angst erzeugt wird, die die Menschen dazu bringt, zunehmend das öffentlich-soziale Handeln zu meiden?

7. Viele Jugendliche umgeben sich vom frühen Morgen bis zum späten Abend mit einer Klangkulisse von Pop- und Rockmusik, bezogen aus Radios und Cassettenrecordern, von Plattenspielern und Videoclips. Welche Bedeutung hat diese Musik für Jugendliche?

8. Der Walkman gehört heute zur Grundausstattung der meisten Jugendlichen. Sie stülpen ihn sich über die Ohren, vorzugsweise auch in der Schule oder im Straßenverkehr. Ist dies nicht gefährlich, zeigen sich nicht auch Tendenzen zur Isolation in einem akustischen Traumreich unter Abschneidung sozialer Kontakte?

9. Die Einführung des Computers hat viele Jugendliche zu ‚Computerfreaks‘ gemacht: Verlieren diese damit die Chance, soziale Kontakte zu pflegen, und unterwerfen sie sich nicht der binären Computerlogik und lassen Emotionalität und Menschlichkeit verkümmern?

10. Seit vor allem Verkabelung und Satelliten eine Vervielfältigung der Rundfunkprogramme ermöglichen und eine wachsende Zahl von Privatstationen auf Sendung ist, hat sich die Mediennutzungszeit von Kindern verdoppelt. Richtet die Programmvermehrung kommunikativen Schaden in Familien an?

11. Die Verbreitung von Videogeräten, über die inzwischen über die Hälfte aller Haushalte verfügt, stellt zusätzliche Programmergänzungen bereit, die aber nicht nur die Schlafzeit verkürzen, sondern auch den Griff zum Buch immer seltener machen und den kulturellen Anspruchspegel durch triviale Produkte verfehlen: stimmt das?

12. Sind die neuen, meist jugendlichen ‚Videoten‘ nicht oft durch minderwertige audiovisuelle Angebote gebannt, Horror, Action, Gewalt? Welche Langzeitfolgen hat dies für soziales Verhalten, für das eigene Lebenskonzept?

13. Eine Gruppe von Frauen hat sich zusammengeschlossen und den Computer als ‚kreatives Medium‘ entdeckt. Sie produziert mit Hilfe von Desktop und mit Programmen der Computersimulation Kunstfilme. Ist das etwas Frauentypisches (Männer programmieren eher berufsbezogene Dinge), werden auf diese Weise etwa Geschlechterdifferenzen erneut deutlich oder sogar festgeschrieben, und welche Möglichkeiten gibt es eigentlich, sie mit Hilfe von Medien aufzuheben?

14. Das Buch sowie Zeitungen und Zeitschriften haben zwar eine lange und eingeführte Tradition; könnte es nicht dennoch sein, daß wir in einem Zeitalter leben, das Informationen vorwiegend als knapp kommentiertes Bild, mit emotionalisierendem Sound unterlegt, verbreitet, so daß die Masse der Leute immer weniger lesen wird? Könnte es sein, daß Lesen zu einer Sache von Eliten wird; und: wenn dem so ist, welche Maßnahmen der Leseförderung sind notwendig, um hier Abhilfe zu schaffen?

15. Wenn in der Zukunft zunehmend Spartenkanäle (vom Sport über Aktualitäten bis zu Wetterberichten und Einkaufsmöglichkeiten) die Szene beherrschen und man für diese Angebote zahlen muß, zerfällt auf diese Weise nicht die bisher gewohnte Form von medienvermittelter ‚Öffentlichkeit‘?

16. Auch auf dem Medienmarkt findet eine gewaltige Konzentrationsbewegung statt, die gleichzeitig dafür sorgt, daß bestimmte Programme und Programminhalte weltweit angeboten werden. Führt dies nun zu einer einander aufgeschlossenen multikulturellen Gesellschaft, oder werden die kulturellen Grenzen gerade durch die suprakulturelle Verbreitung um so deutlicher markiert und erfahrbar? Welche Wirkung hat dies auf internationale Verständigung? Ist es tatsächlich möglich, mit Hilfe der Medien Fremdenfeindlichkeit einzuschränken, oder befördern sie diese vielmehr?

Die Verschiedenartigkeit und Vielzahl der beispielhaft aufgeführten Probleme zeigt nicht nur, daß Medienpädagogik heute auf Expansionskurs ist, sondern auch, daß hohe Anforderungen an ihre disziplinäre Zuständigkeit gestellt werden. Es liegt auf der Hand, daß sie auf alle diese Fragen, wenn überhaupt, nur, meist auch vorläufige, Teilantworten geben kann. Eine bisher wenig beachtete und darum auch wenig geförderte Wissenschaftsdisziplin mit starkem praktischem Anspruch ist damit überfordert und kommt oft an die Grenzen ihrer Möglichkeiten. Eins ist allen hier aufgeführten Fragen gemeinsam: Medienpädagogik soll primär Fragen beantworten, die sich auf das Verhältnis von einzelnen oder Gruppen zu den Medien beziehen – in Unterscheidung von der Medienwirtschaft, der Medienpolitik, der Mediensoziologie etwa, die übergreifende Systemprobleme behandeln. Dennoch verraten die Fragen auch, daß Medienpädagogik ohne Kompetenz in den eben genannten Bereichen kaum zu vernünftigen Antworten kommen wird, will sie diese nicht personalisieren und die Systembedingungen menschlichen Handelns und Wahrnehmens damit ausschließen.

Es wäre denkbar, aus der Sichtweise jeder der eben gestellten Fragen eine medienpädagogische Konzeption zu entwickeln. Um den Arbeitsbereich beschreibbar zu machen, empfiehlt es sich aber, vielleicht eine grundlegendere, weil *hinter* den aufgeführten Fragen liegende Perspektive zu finden. So könnten wir sagen: Medienpädagogik geht aus von der Beobachtung und Interpretation *gegebener* oder sich *entwickelnder Wirklichkeitskonstruktionen,* wie sie die Medien einerseits anbieten, die Mediennutzer andererseits mitbringen. Wirklichkeitskonstruktionen: damit ist gemeint, daß das Bild der Wirklichkeit heute

durch die Medien wesentlich bestimmt wird. Was ‚wirklich‘ sei, ist ja nicht
vorab, sozusagen außerhalb unseres Wahrnehmungshorizontes gegeben. Für uns
wird es erst bemerkbar und in diesem Sinne ‚wirklich‘, wenn es in unseren
Wahrnehmungshorizont gebracht worden ist. Dafür sorgen heute wesentlich
Medien aller Art. Wenn es sie nicht gäbe, sähe das Material für die Wirklichkeitskonstruktion anders aus. Auch die Unterschiedlichkeit der Medien ist zu
beachten: Das Fernsehen übt eine ganz andere Faszination aus als das Radio.
Und schließlich schaffen Stellung im Lebenszyklus (ob jemand Kind, Jugendlicher, Erwachsener oder alter Mensch ist), soziale Herkunft, berufliche Stellung,
Wohnregion, Bildungshintergrund und viele andere Faktoren eine Fülle von
Varianten. Insofern sind die über Medien scheinbar einheitlich und stereotyp
vermittelten Wirklichkeitserfahrungen bei jedem Rezipienten möglicherweise
anders. Welche Bedeutung Medien für den einzelnen haben, wird nicht allein
durch die Programm-Qualität bestimmt, sondern auch durch die Situation, in der
der ‚Nutzer‘ sich befindet. Hier gibt es kaum aufrechenbare Varianten. Generell
gilt jedoch: Medien spielen für die Entwicklung des Menschen, für seine Erziehung, aber auch für die Aus- und Weiterbildung und für viele andere Bereiche
seines Alltagslebens eine erhebliche Rolle. Es hat sich inzwischen durchgesetzt,
den Begriff ‚Medienpädagogik‘ als übergeordnete Bezeichnung für alle pädagogisch orientierten Beschäftigungen mit Medien in Theorie und Praxis zu verstehen und einzelne Aspekte der Medienpädagogik näher zu spezifizieren. Solche Aspekte sind: Medienerziehung, Mediendidaktik, Medienkunde, Medienforschung. Nicht zu vergessen sind wichtige Bezugswissenschaften (die Kom-
munikations- und die Medienwissenschaft, die Erziehungswissenschaft, die Allgemeine Didaktik, Psychologie, Soziologie und Philosophie). ‚Medienpädagogik‘ meint die Gesamtheit aller pädagogisch relevanten handlungsanleitenden
Überlegungen mit Medienbezug. Empirische Grundlagen und normative Orien-
tierungen sind dabei eingeschlossen (Tulodziecki 1989, S. 21f.). ‚Mediendidaktik‘ beschäftigt sich mit dem Einsatz von Medien zum Erreichen pädagogisch
reflektierter Ziele; in ihren Bereich gehören vor allem die Unterrichtsmedien.
‚Medienerziehung‘ beschäftigt sich damit, wie ein sinnvoller Umgang mit
Medien heute auszusehen habe und wie dieser Heranwachsenden zu vermitteln
sei. ‚Medienkunde‘ soll Wissen über die Funktion der Medien vermitteln und
über eine Fülle technischer, organisatorischer, rechtlicher, ökonomischer, politischer und gesellschaftlicher Bedingungen und Voraussetzungen Wissen bereitstellen. ‚Medienforschung‘ beschäftigt sich wissenschaftlich mit den Medien; sie
fragt nach Absichten und Arbeitsformen der Produzenten, nach der Bedeutung
und Gewichtung der unterschiedlichen in den Medien benutzten Zeichensyste-
me; nach dem Medienverhalten des Publikums, von der Mediennutzung bis zur
möglichen Wirkung; nach inhaltlichen, formalen und ideologischen Gehalten der
Medienbotschaften. Neuerdings wird versucht (vgl. Kapitel 7), unter dem Konzept ‚Medienkompetenz‘ die wichtigsten Aufgaben der Medienpädagogik in

einer sich wandelnden Informationsgesellschaft zu fassen, auseinanderzugliedern und als Auftrag an die pädagogischen Einrichtungen weiterzugeben.

Im Rahmen ihrer (wie wir schon gesehen haben: sehr vielfältigen) Aufgaben hat die Medienpädagogik spezifische Fragestellungen entwickelt. Gegenstands- oder Objektbereich sind Erziehung und Bildung von Kindern, Jugendlichen sowie Erwachsenen im Medienbereich. Medienpädagogik ist insofern Bestandteil von Pädagogik (1). Als Sozialwissenschaft (2) untersucht sie die hier aufgegebenen Objektbereiche, bedarf dazu aber der Integration kommunikationswissenschaftlichen und anderen Wissens in eigene Fragestellungen und Konzepte. Die Wirklichkeits- und Gegenstandskonstruktionen der Medienpädagogik sind (3) in den historisch-gesellschaftlichen Veränderungs- und Modernisierungsprozeß eingelagert und werden von ihm bestimmt. Insofern folgt Medienpädagogik technischen Entwicklungen und wird in vielen ihrer Fragen von ihnen bestimmt. Da Medienpädagogik schließlich (4) auch praktische Fragen zu beantworten hat, ist ein Rückzug in die rein wissenschaftliche Reflexion nicht möglich. Vielmehr reagiert sie in besonderer Weise auf die Wirklichkeitskonstruktionen, die außerhalb der wissenschaftlichen Theorie-Konstruktionen im Alltagsleben der Menschen erfolgen. Gerade aus dieser Grenzgängerlage leiten sich ihre Geltung, aber auch die Nachfrage nach ihren Leistungen ab. Versuchen wir im Rahmen des bisher Erörterten eine Definition der ‚Zuständigkeit‘ von Medienpädagogik, könnte folgendermaßen formuliert werden: Medienpädagogik umfaßt alle sozial-pädagogischen, sozialpolitischen und sozialkulturellen Überlegungen und Maßnahmen sowie Angebote für Kinder, Jugendliche und Erwachsene, die ihre kulturellen Interessen und Entfaltungsmöglichkeiten, ihre persönlichen Wachstums- und Entwicklungschancen sowie ihre sozialen und politischen Ausdrucks- und Partizipationsmöglichkeiten betreffen, sei es als einzelne, als Gruppen oder als Organisationen und Institutionen. Diese kulturellen Interessen und Entfaltungsmöglichkeiten, Wachstums- und Entwicklungschancen, sozialen und politischen Ausdrucks- und Partizipationsmöglichkeiten werden heute beeinflußt und mitgestaltet durch expandierende Informations- und Kommunikationstechniken mit Wirkungen auf das Rezeptionsverhalten gegenüber Programmmedien (Radio, Fernsehen), auf Arbeitsplätze, Arbeitsverhalten und Arbeitschancen; auf Handlungsmöglichkeiten und Verkehrsformen im öffentlichen und privaten Leben. Daher stellt Medienpädagogik heute diese Informations- und Kommunikationstechniken mit ihren sozialen, politischen und kulturellen Implikationen in den Fokus ihrer Betrachtung. Mediendidaktik (Einsatz von Mediengeräten, vom Overheadprojektor bis zum Computereinsatz in Lehr-/Lernprozessen) sowie Medienerziehung und Medienalphabetisierung bzw. Medienkompetenz von Kindern, Jugendlichen und Erwachsenen mit dem Ziel, die audiovisuellen Codes und neuen Zeichenwelten neben Schrift und Sprache entziffern und benutzen zu können, bis zu Übungen in aktiver Mediengestaltung und Mediennutzung stellen Teilbereiche der Medienpädagogik dar.

Die Medien als Objekte der medienpädagogischen Betrachtungsweise haben eine spezifische Eigenschaft, die dazu führt, daß Medienpädagogik innerhalb der pädagogischen Teildisziplinen eine besondere Stellung hat: Sie arbeiten und wirken nämlich außerhalb pädagogischer Einrichtungen (wie Familie, Kindergarten, Schule, Berufsausbildung etc.) oder übergreifen diese pädagogischen Einrichtungen, ohne sich an diese binden zu lassen. Damit hat Medienpädagogik die Aufgabe, zwar einerseits das Handeln an und mit Medien in pädagogische Institutionen zurückzubinden (z. B. Gründung von Videogruppen in einem Jugendfreizeitheim), andererseits ist der Umgang mit Medien keineswegs auf pädagogische Kontexte reduzierbar. Wenn Kinder Cassetten hören, Jugendliche sich ‚Musik reinziehen‘ oder ins Kino gehen, so geschieht dies außerhalb institutionalisierter Erziehungseinrichtungen im Rahmen der Peergesellung und Freizeit. Hinzu kommt, daß der Objektbereich Medien im stetigen Wandel begriffen ist. Während der Ausdruck ‚Massenkommunikation‘ noch vom Abstrahlen unterschiedlicher Programme auf ein verstreutes, anonymes, eben ‚massenhaftes‘ Rezipienten-Publikum ausging, haben die sogenannten ‚neuen Medien‘ (präziser: neuen Informations- und Kommunikations-Techniken) sowie die neuen Stichworte ‚Multimedia‘ und ‚Internet‘ zu neuen Konstellationen geführt, die nicht nur zu einer Expansion des Medienbereichs beigetragen haben, sondern vor allem Transformationen ermöglicht haben in der Weise, daß Mediennutzung nicht mehr ein einseitig-gerichteter Prozeß von Programmen auf den Rezipienten ist, sondern inzwischen auch Rückkopplungen denkbar sind über interaktive Möglichkeiten und Dienste, die den ‚Rezipienten‘ (Empfänger) zum ‚Nutzer‘ machen und seine Rolle im Feld der Medienkommunikation neu bestimmen. Medienpädagogik hat es also mit einem *sozialen Wandel* zu tun, der sowohl extensiv als auch schnell ist und oft eher *Reaktionen* ermöglicht als vorgreifendes Mitgestalten und Mithandeln von Pädagogen.

Neben den Tatsachen, daß es sich um (1) außerhalb pädagogischer Institutionen erzeugte Symbolwelten handelt und (2) eine schnelle Form sozialen Wandels, die stark reaktiv bestimmt sind, ist schließlich zu beachten, daß Mediennutzung zum *Alltagsritual* geworden ist. Die Beziehung zwischen den unterschiedlichen Medien und ihren Nutzern ist nämlich eingelagert in ihren Tagesablauf und damit von ihm untrennbar. Medien aller Art werden zukünftig auch im Beruf, gegenwärtig vorwiegend in der Freizeit genutzt, und sie funktionieren in unserem Alltag. Dies kann am Beispiel des derzeit noch dominierenden Fernsehens verdeutlicht werden: Das Unbehagen vieler am Fernsehen besteht nicht darin, daß sie die Angebote dieses Mediums nicht voll ausnutzen, sondern gerade darin, daß sie sich seiner so exzessiv bedienen. Fernsehen ist Bestandteil eines in sich brüchigen Freizeitsystems. ‚Brüchig‘ ist es deshalb, weil Freizeit keineswegs automatisch das sonst vorenthaltene Glück bereitstellt, auch nicht der Nutzungsakt gegenüber Medien. Insofern bleibt auch Freizeit unter den Regularitäten des Alltags, bedroht von Abnutzung. Henry Lefèbvre hat in seiner

„Kritik des Alltagslebens" (1974/75) eine *lineare* und meßbare Zeit von einer *rhythmischen* unterschieden. Die rhythmische Zeit ist an der Natur orientiert und von ihr abhängig. Sie steht im Einklang mit unseren natürlichen Bedürfnissen: schlafen, essen, ausruhen, arbeiten. Die heute gemessene Normalzeit, die derzeit gültige Alltagszeit hingegen richtet sich notwendigerweise nach Produktionsrationalitäten und standardisierten Abläufen, die den einzelnen in sich eingliedern, da nur so das Funktionieren einer vielfach verschachtelten, in ihren Teilsegmenten auf sich angewiesenen Gesellschaft sichergestellt ist. Die Medien sind Bestandteil dieser Freizeit und dieses Alltags, sie unterstützen die Linearität unserer modernen Zeitmessung und sind in unsere Zeitbudgets eingegangen. Die Mediennutzungskapazitäten richten sich nach den zeitlichen Freiräumen, und diese werden von den Medien ständig über Einschaltquoten abgefragt. Ziel ist, daß die Medien sich so fugenlos wie möglich den Alltagsabläufen anpassen (umgekehrt: die Menschen in ihren Alltagsabläufen die Medien stark berücksichtigen), so daß eine Trennung nicht mehr denkbar ist. Von den Morgennachrichten über die Zeit- und Verkehrsdurchsagen, die aktuellen Vormittags- und Mittagsmagazine des Hörfunks bis zum Einschalten des Fernsehprogramms, den zeiteinschneidenden Hauptnachrichtensendungen inzwischen unterschiedlicher Kanäle ziehen die Medien Zeitfurchen in unseren Alltag und geben unserer Zeit Einteilung, Verläßlichkeit und Orientierung, wennzwar angesichts zunehmender Angebotsvielfalt mit unterschiedlichen Ordnungsmöglichkeiten. Gerade jugendliche Mediennutzer belegen diese zunächst abstrakt und grundsätzlich klingenden Überlegungen mit ihren Aussagen (Baacke/Frank/Radde 1991, S. 199ff.). Nehmen wir das Fallbeispiel Bernd (16 Jahre alt, z.Zt. des Interviews besuchte er die 9. Klasse der Realschule in Köln-Porz). Schon in seiner Antwort auf die erste Frage nach der Bandbreite des Medienkonsums entwickelt er gleichsam ein geschlossenes Medienuniversum, in dem er sich, von einem Medium zum anderen übergehend, wie selbstverständlich bewegt. „Ja, das ist Cassettenrecorder, Musik-Hören – also Cassetten, Radio. Da hör' ich mir dann öfters Musik-Hitparaden oder sowas an, da den englischen Sender. Walkman hör' ich viel. Jeden Abend, also damit schlaf' ich eigentlich eben ein, ne. Morgens, dann im Wecker, hab' ich auch Musik drin. Also dann schon von morgens bis abends. Wenn ich aus der Schule komm', wird dann direkt Musik angemacht und dann die Hausaufgaben, je nach dem, wie die auf sind. Und da hab' ich eigentlich kaum so Zeit für Freizeitbeschäftigung nebenbei. Dann Fernsehgucken ist meistens so ab fünf Uhr, wenn watt läuft. ‚Tom und Jerry' oder sowas, ne, oder die Zeichentrickfilme. Ja und dann, wenn mein Vater dann mal kommt, da wird dann gegessen und da wird direkt Video angemacht. Entweder wird aufgenommen oder wir haben uns mal 'nen Film ausgeliehen, 'n guten 'n spannenden, und der geht dann so bis elf, je nach dem. Und wenn mein Vater dann noch weitergucken will, denn guckt der weiter und ich geh' denn ins Bett und zieh dann den Walkman an." Der Tagesablauf Bernds wird lückenlos von den Medien begleitet, oder umgekehrt: die Medien und ihre Abfolge bestimmen den Rhythmus des Tages. Die Art und Weise, wie Bernd seine Medienrezeption schildert, gibt ihr die Struktur eines Automatismus. Die häufige Verwendung des Wortes ‚dann‘ oder ‚denn‘ läßt den Tagesablauf als einen verselbständigten, von Medien und Geräten strukturierten Kreislauf erscheinen, in den alles soziale Handeln eingelagert ist. Es wird schwierig sein, diese Selbstverständlichkeiten Bernd bewußt zu machen und so ‚herauszumeißeln‘, daß er sie überhaupt zum Gegenstand seiner Betrachtung machen möchte.

Mit dieser in den Alltag eingeschweißten Medienselbstverständlichkeit hängt die besondere kulturelle Funktion der meisten Medien und der in ihnen dargestellten Programmgenres zusammen. Während im Bereich der traditionellen Kultur, etwa für literarische Texte wie Sonett oder Kurzgeschichte, noch formale Fragen wichtig sind, verschiebt sich bei den Mediengenres der Schwerpunkt von den formalen Seiten des Textes zu seinen Inhalten und zur Art, wie die Zuschauer angesprochen werden. Es entstehen genretypische Angebote als ein Mittel, „Nutzungsmuster zu regulieren z. B. wie Zuschauer angesprochen werden und wie sie sich einen Film anschauen. Vergleichbares gilt für die Definition von Genres bei populären Druckwerken, wobei hier der Markt für die Art, wie Leser Zugang zum Text bekommen, noch wichtiger ist. Der Terminuns ‚pulp fiction‘ charakterisiert die Beziehung zwischen Text, Herstellung und Lesern als typische Markt- und Konsumbeziehung. Dabei ist der Inhalt als Definitionselement, also die Kategorie Liebesroman, Science-fiction oder Thriller, wichtiger als die literarische Form. (...) Trotz aller neoliberaler Behauptungen können Märkte letztlich nur mit intensiver Regulierung der Beziehung von Medienproduktion und Medienkonsum funktionieren, auch wenn dies primär medienspezifisch und weniger politisch abläuft. Wer z. B. einen Liebesroman im Supermarkt kaufen will, möchte auch wissen, was ihn bzw. sie erwartet. Diese Erwartung beeinflußt wiederum maßgeblich die Texte eines Trivialromans. Das läuft kaum anders als bei Konsumgütern und Waren wie abgepacktem Brot, Fisch in Dosen, Frühstücksmüsli usw. Erwartungen der Konsumenten erscheinen dann als Vermutungen von Autoren und Verlegern, die dementsprechend ihre Texte herstellen, Marketing-Methoden anlegen und den Vertrieb organisieren.“ (Bachmair/Kress 1996, S. 33). Die Medienkultur ist also genuin markt- und nutzerbezogen und ohne diese Beziehung nicht denkbar. Sie ist damit nicht als dem alltäglichen Leben gegenüberstehender, es vielleicht kritisierender oder zu ihm Distanz schaffender ‚Sektor‘ zu verstehen, sondern eingelagert in den konstitutiven Kreislauf der Moderne, der zwischen Angebot und Nachfrage besteht. An den Medien wird deutlich, daß eine ‚Autonomie der Kultur‘ zunehmend fraglich wird und nur noch in Reservaten zu finden ist (freilich: vielleicht war dies immer so!).

1.1. Zum Darstellungsprogramm

Diese Darstellung erscheint innerhalb der Buchreihe „Grundlagen der Medien-kommunikation". Dem folgend richtet sich das Buch nicht nur an die pädagogi-sche Zunft, entwickelt entsprechend ,Medienpädagogik' auch nicht aus der Beziehung von ,Medien' und ,Pädagogik', sondern im Rahmen einer auswahl-weisen Analyse von ,Medienkommunikation'. Damit ist angezeigt, daß andere Zugänge denkbar sind. Hier werden die gesellschaftlichen Bestimmungsmomen-te (Kapitel 2) als Ausgangspunkt genommen, bevor kulturkritisch-pädagogische Debatten und die Medienpädagogik selbst zur Darstellung kommen (Kapitel 3 und 4). Beispielhaft werden im 5. Kapitel „Medienwelten von Kindern und Jugendlichen" knapp dargestellt, weil diese Altersgruppe als besonderer Gegen-stand medienpädagogischer Bemühungen gilt. Das 6. Kapitel greift die Grund-these beschleunigten sozialen Wandels auf, geleitet von der Frage nach der Aktualität von ,Diskussionspunkten gegenwärtiger Medienpädagogik' und der Ende der neunziger Jahre erfolgenden Ausrufung des ,Informationszeitalters'. Das 7. und letzte Kapitel ,Medienkompetenz als Zielwert' ordnet unter der Zukunftsperspektive ein medienpädagogisches Arbeitsprogramm.

Die Darstellung ist, soweit möglich, *reflexiv*, und sie ist *exemplarisch*, will also an jeweiligen Beispielen Grundsätzliches zeigen, das auch an anderen Materialien ausgebreitet werden könnte. Dafür ist hier nicht der Raum. Es gilt also, Akzente zu setzen in einem schwierig zu vermessenden Feld, dessen Umrisse sich jederzeit ändern.

2. Medien und Modernisierungsprozeß

Die Entdeckung der Subjektivität des Menschen und seiner Bestimmung als geistiges Individuum in der Renaissance ist der entscheidende Schritt in die Neuzeit gewesen. Die Städtekultur vor allem, zunächst in Italien blühend, später auch in Mittel- und Westeuropa sich entfaltend, stellt den Durchbruch zu einer neuzeitlichen Entwicklung dar, in der der Markt zum Zentrum eines Warenverkehrs wurde, der zunehmend Geschichte in Weltgeschichte verwandelt. Das in den Städten heranwachsende Bürgertum stellt, als „Dritter Stand" der Ständegesellschaft, später in einer bürgerlich bestimmten Gesellschaft als „Nation" die treibende Kraft dar, die den geschichtlichen Durchbruch der Neuzeit erzwingt: „den Aufbruch zur Weltbemächtigung, den Übergang von statischen zu dynamischen Verhältnissen, das heißt zur prinzipiellen Veränderbarkeit und zur tatsächlichen, stets weitere Lebensbereiche erfassenden, stets beschleunigten Veränderung alles Bestehenden." (von Krockow, 1977, S. 18). Mit der Dynamisierung, d. h.: Veränderbarkeit und Veränderung bestehender Verhältnisse, gewinnt einerseits ‚Politik' im modernen Sinn eine immer wichtigere Bedeutung, verstanden als der organisierte Kampf um die Veränderung oder Bewahrung bestehender Verhältnisse. Dies ist immer wieder zwischen den beiden Polen Freiheit und Herrschaft auszuhandeln. Zum anderen bedarf die Weltbemächtigung durch die Aufsprengung naturhaft vorgegebener Zwänge einer breiten Teilnahmebasis, auf der der Adel als alleiniger Statthalter von Herrschaft nicht mehr geduldet wird. Es ist die Information, es sind die Medien (zunächst Flugblätter, Zeitungen, Zeitschriften, Bücher), die immer neue Informationen über den gesellschaftlichen Veränderungsprozeß herbeischaffen, verfügbar machen und somit ebenfalls ein Fundament der bürgerlichen Gesellschaft von heute darstellen.

Die besondere Leistung der Medien im Modernisierungsprozeß besteht also darin, *Öffentlichkeit her- und sicherzustellen*. Dieser Typus von ‚Öffentlichkeit' ist wie die Medienkommunikation ein neuzeitliches Phänomen. In der griechischen Pollis wie in der römischen Res publica (und in den noch nachfolgenden Jahrhunderten), gab es keinen Sektor des gesellschaftlichen Lebens, der als ‚Öffentlichkeit' besonders ausgezeichnet und hervorgehoben war. Der Oikodespotes (der ‚Herr', der die Verfügungsgewalt besaß über den Grundbesitz und *die Menschen*, die auf ihm leben und arbeiten), war lange Zeit allein Herrscher über den ihm unterworfenen Bereich, zugleich Schützer und Patron. Damit war vor dem modernen Zeitalter nicht zu trennen zwischen ‚privat' und ‚öffentlich'.

Eine solche Unterscheidung wird erst dann notwendig, wenn sich die einheitliche Sphäre gesellschaftlichen Lebens ausdifferenziert. Einen Übergang dahin stellt die aristokratische Gesellschaft dar, die aus der Renaissancegesellschaft hervorgeht. Diese – so Habermas – „hat nicht mehr, oder doch nicht mehr in erster Linie, eigene Herrschaft, nämlich die eigene Grundherrschaft zu repräsentieren; sie diente der Repräsentation des Monarchen. Diese höfisch-adelige Herrenschaft kann das Parkett einer, bei aller Etikette doch hochgradig individualisierten Geselligkeit erst zu jener, im 18. Jahrhundert eigentümlich freischwebenden, aber deutlich herausgehobenen Sphäre der ‚guten Gesellschaft' ausbilden, nachdem, auf der Basis der frühkapitalistischen Verkehrswirtschaft, die nationalen und territorialen Machtstaaten entstanden sind und die feudalen Grundlagen der Herrschaft erschüttert haben. Die letzte, auf den Hof des Monarchen zusammengeschrumpfte und zugleich verschärfte Gestalt der repräsentativen Öffentlichkeit ist bereits Reservat inmitten einer vom Staat sich trennenden Gesellschaft. Nun erst scheiden sich private und öffentliche Sphäre in einem spezifisch modernen Sinne" (1962, S. 21).

Die *höfische* Öffentlichkeit, wie sie sich zeigte in den glanzvollen Festen des Barock, wird „repräsentativ" genannt, weil der Fürst sich, seine Macht und den Glanz einer ebenbürtigen Gefolgschaft über den Hof hinaus für das Volk darstellte. Im Glanz des Fürsten sollte es sich sonnen, bereit sein zur Verehrung und Devotion. Macht wurde inszeniert als prächtiges Fest, auf diese Weise sinnlich demonstriert und überzeugend. Alewyn und Sälzle (1959, S. 9) beschreiben die höfischen Feste so: „Vom ‚Herbst des Mittelalters' bis zum sterbenden Rokoko rauscht ein bacchantischer Festzug durch die Gassen und Gärten, die Schlösser und Kirchen Europas. Hier ziehen Reiter und Tänzer durch die Straßen, kostbar geschmückt oder seltsam vermummt, kolossale Bilder schwanken im Getümmel, dort bedeckt sich ein Fluß, ein Teich mit Flottillen von bunten Schiffen oder fremdartigen Fabelwesen. Götter steigen hernieder, umschlingen einen wunderbaren Reigen, Fontänen sprudeln aus dem Boden und Kaskaden von den Wänden, zwischen Gartenhecken tanzen Schäfer und Nymphen. Die Nacht verwandelt sich in künstlichen Tag, Lichter überall, Häuser, Wege, Kanäle sind gesäumt, die Lichtwoge bäumt sich gen Himmel, Feuergarben schießen in die Nacht, und die Sterne erbleichen (...). Die Höfe Europas werden von einem Taumel erfaßt. Im Burgund des späten Mittelalters entbrennt der Herd. Das Italien der Renaissance entzündet daran seine Fackel. Sie setzt das Spanien Philipps IV. in Brand. Unter Englands Königin lodert die Flamme zu mehreren Malen auf. Sie ergreift den Kaiserhof zu Wien und schlägt nach Frankreich zurück, wo ein junger glänzender Fürst den Thron besteigt und ein Beispiel gibt, wie es die Welt seit den Tagen der römischen Kaiser nicht mehr gesehen hat. Alles Frühere erscheint nur noch wie ein Vorspiel (...). Hingerissen folgt der ganze Hof, die Blüte der Nation schart sich um Ludwig XIV., und von hier geht nun ein Flammenmeer aus, das ganz Europa blendet. Bis hinüber nach

Warschau und Stockholm und Petersburg verwandeln sich alle Höfe in die
Trabanten eines Sonnensystems, das – nicht um die staatliche Macht, das um
den festlichen Glanz von Versaille kreist." – Erklärt hat man diese Lust an
repräsentativen Festen und Selbstdarstellungen als Ausdruck der Angst vor dem
Nichts, vor der ständig lauernden Gefahr, aus der Höhe glänzender Macht
hinabzustürzen in Unterwerfung, Knechtschaft und Abhängigkeit. Diese Angst
sollte durch rauschende Feste als Höhepunkt einer höfischen Art von Öffentlichkeit überdeckt werden. Aber die Feste waren doch zugleich *publizistische
Ereignisse* besonderer Art, die mehr darstellten als den Ausdruck verdeckter
Angst. Es ging um die Demonstration der Macht des Königs und seines Hofes.
Schauspiel, Ballett, Musik – alle Künste fanden hier ihren Mäzen, entfalteten
sich in glänzendem Prange. Auch Kunst wurde in die höfische Öffentlichkeit
eingemeindet und diente nicht, wie oft heute, der privaten Erbauung oder der
Erhebung des einzelnen. Sie war nicht Privatsache, sondern eine öffentliche
Angelegenheit, verwaltet freilich von wenigen Machthabern.

Der Bürger hatte an diesen Festen nur als Zuschauer teil. Wenn er darum
eiferte, gegen Üppigkeit und Ausschweifung, hatte er ein historisches und
vielleicht auch ein moralisches Recht in der Verfallzeit des höfischen Festes,
dem Rokoko, an der sein sittliches und soziales Selbstbewußtsein sich gestärkt
hat. Dieser Bürger mit dem Blick des Neides war es dann, der die Fürsten
stürzte. Die Fürsten hatten zudem ihr Land ausgepowert, die Bewohner durch
Steuern ausgeplündert, um ihre prächtigen Schlösser zu bauen und ihre Feste zu
feiern. Grundbesitz war nicht mehr ertragreich, wohl aber wurden es nun Handel
und Wandel, Domänen des mobilen, nicht an ererbten Besitz und regionale
Güter gebundenen Bürgers. Die Französische Revolution von 1789 war das
Fanal, das die gesellschaftlichen Zustände von Grund auf veränderte – bis heute.
Repräsentation von Macht und Machtzusammenballung in der Hand weniger
war nicht mehr gefragt. *Alle* sollten nun in gleicher Weise über das Gemeinwohl
entscheiden und an ihm teilhaben: Es entstanden bürgerliche Demokratien. In
ihnen konstituierte sich eine neue Art von Öffentlichkeit. Vorbereitet in literarischen Salons und politisch orientierten Clubs, entwickelte sich die bürgerliche
Öffentlichkeit des 18. und 19. Jahrhunderts zunächst in vielfältigen Gazetten,
moralischen Wochenblättern und kleinen Zeitungen. Später bediente sie sich der
sogenannten Massenkommunikationsmittel. Die Expansion des Handels, das
Wachstum der Bevölkerungszahlen, die Entstehung von Ballungszentren, dies
alles führte zur Entwicklung von drei sich konstitutiv voneinander unterschiede-
nen Lebensbereichen. Der erste war der des *Privaten*, meist zentriert in der
Familie. Der neue liberalisierte Staat wurde in die Grenzen seiner Wirksamkeit
(Wilhelm von Humboldt) gewiesen. Die Gewinne durch Handel diente nicht wie
beim Fürsten der Repräsentation von Macht, sondern wurden in das Wachstum
privater Ökonomie (etwa in neuzugründende Firmen) gesteckt oder auch – in
weniger anspruchsvoller Weise – zur Sicherung des eigenen Lebens verwendet.

Der zweite Bereich war der der *staatlichen Ordnungsmacht* und der Organe der politischen Willensbildung, die diese Ordnungsmacht kontrollieren sollten (Parlament). Die *Öffentlichkeit ist nunmehr ein Ditter* von privater wie staatlicher Sphäre geschiedener Bereich mit der Aufgabe, das Wirken des Staates und seiner Organe und der in ihnen versammelten Machtgruppen (dies werden die Parteien sein), und das private Leben zu vermitteln. Wesentlich war die „öffentliche Meinung", die privates Leben (Sitte), wie öffentliche Macht (Regierung) kontrollierte.

Träger dieser neuen bürgerlichen Öffentlichkeit waren zunächst die Gesprächsgruppen in Salons und Caféhäusern, bald eine sich ausbreitende Tages- und Zeitschriftenpresse. Später traten dann Hörfunk und Fernsehen, Ende des zweiten Jahrtausends auch interaktive Dienste und Systeme gleichberechtigt in die Verwaltung dieser Aufgabe ein. Öffentlichkeit gilt nun als Prinzip, das die Kritisierbarkeit und damit Veränderbarkeit demokratischer Zustände zugleich legitimiert als auch ermöglicht. *Legitimiert*, weil der Wegfall des Rede- und Schreibverbotes und die Freiheit der Meinungsäußerung als verbürgte Rechte zugleich Pflichten darstellen, die öffentliche Gewalt zu kontrollieren. *Ermöglicht* wird gesellschaftlicher Wandel, weil Massenmedien vorhandene Zustände kritisieren und auf Änderung dringen. Sie müssen dies natürlich nicht notwendig tun. Tatsächlich gibt es, berechtigter Weise, eine zunehmende Kritik an dieser bürgerlichen Öffentlichkeit. Schon Hegel traute (in seiner Rechtsphilosophie) den bürgerlichen Privatleuten nicht mehr wie noch sein Kollege Kant die Fähigkeit zu, die privaten Überzeugungen zugleich als öffentlich-verbindliche zu setzen. Denn schließlich verträten Privatleute Partikularinteressen (insbesondere ihre eigenen), so daß das Wohl des Staates nicht mehr bei ihnen allein aufgehoben sein könne. Marx schließlich „denunziert die öffentliche Meinung als falsches Bewußtsein: Sie verheimlicht vor sich selbst ihren wahren Charakter als Maske des bürgerlichen Klasseninteresses" (Habermas 1962, S.138). Auch, wenn die Geschichtsphilosophie von Marx, die bürgerliche Klasse müsse darum durch die proletarische Klasse abgelöst werden, die als Herbeiführerin der klassenlosen Gesellschaft zugleich die Partizipation aller am Gemeinwohl garantiere, nicht mehr geteilt wird und wohl auch historisch überholt ist, hat sich doch, empirisch belegbar, der Soupçon gegenüber den Medien seitdem erhalten. Programmindustrien der Werbung, Öffentlichkeitsarbeit der Konzerne, der Verwaltungsapparate, sie alle „produzieren" Öffentlichkeit, die keineswegs mehr von allen Bürgern hergestellt und geteilt wird. Aus dieser Spannung, das bürgerliche Öffentlichkeit substantielle Lebensinteressen oft ausgrenzt, gleichwohl aber das Ganze zu repräsentieren beanspruchen muß, basiert die charakteristische Schwäche vieler Formen und Vorstellungen von Öffentlichkeit in der modernen Gesellschaft. Denn der kollektive Ausdruck der öffentlichen Meinung als Gesamtheit der gegenüber Staat und Gesellschaft formulierten, prinzipiellen und aktuellen Ansichten der Bürger, erfolgt in unserer Gesellschaft, die allen

Bürgern Mitbestimmungsrechte einräumt, in selteneren Fällen spontan, meist
kanalisiert über Parteien, Verbände oder in Berichten und Kommentaren der
Medien. – Es gibt auch andere Wege, ‚Öffentlichkeit herzustellen': Die Grün-
dung von Bürgerinitiativen, das Veranstalten von Demonstrationszügen, das
Verteilen von Flugblättern und Broschüren, das Ankleben von Plakaten. Solche
Mittel werden in der Regel dann gewählt, wenn die vorgesehenen Kanäle zu eng
oder zu kontrolliert erscheinen, um ein ausreichendes Öffentlichkeitsforum
darzustellen. In einer Demokratie vermittelt dabei – so zumindest das Konzept
– *Öffentlichkeit* als Aktionsbereich Vorstellungen und Handeln der staatlichen
Ordnungsmacht mit der diese kontrollierenden, ihr Ziele und Richtung weisen-
den politischen Willensbildung der Bürger. Damit ist Öffentlichkeit prinzipiell
ein eigener Kommunikationssektor geworden. Er unterscheidet sich vom *privaten* Bereich durch seine kommunikative Offenheit und politische Relevanz; von
der *staatlichen* Sphäre durch seine Unabhängigkeit von staatlichen Kontrollen
und Eingriffen. Dies bedeutet aber auch: die Medien haben sich als professionell
organisierte Kommunikationsforen qua Programme aus der Gesamtgesellschaft
ausgegliedert und sind selbst zu einem partikularen Element geworden. Ihre
Partikularität überwinden sie nur dadurch, daß sie möglichst viele ‚Rezipienten'
oder heute besser ‚Nutzer' gewinnen, die sie benötigen, um in einer Informationsgesellschaft zu überleben. Dies tun vor allem die heute privatfinanzierten
Medien, die sich durch Werbung, Sponsoring und viele andere Arten der Sub-
sistenzerwirtschaftung erhalten, nicht mehr zu dem Zweck, den Bürger einfach
‚aufzuklären' und teilhaben zu lassen, sondern primär mit der Nötigung, die
eigene Existenz zu sichern. So organisiert sich Kommunikation heute nicht mehr
nach den Postulaten des Aufklärungszeitalters und der Französischen Revolution
mit der Forderung nach Gleichheit, Freiheit und Brüderlichkeit, sondern sie
organisiert sich nach Marktgesetzen und bietet ihre Programme als Ware an, die
sie möglichst erfolgreich verkaufen *muß*, um selbst zu überleben. Medien
müssen heute mit zusätzlichen Mitteln auf sich aufmerksam machen: Durch
Skandalisierung von Ereignissen, durch die Erfindung einer eigenen Medienwelt
(populäre Moderatoren und Show-Stars), durch Eingreifen in die gesellschaftliche Wirklichkeit, indem sie diese selbst arrangieren und über dieses von ihnen
miterzeugte Arrangement dann berichten (vgl. z. B. das Geiseldrama von Glad-
bek; dazu Weischenberg 1990, S. 11–49). ‚Newsmaking' und ‚agenda setting'
sind Ausdrücke der neuen Medienkommunikation und bezeichnen schon durch
sich selbst, worum es geht: daß die Medien nicht plane Reprodukteure unserer
gesellschaftlichen Wirklichkeit sind, sondern ihr produktiver und produzierender
Bestandteil.

2.1. Widersprüche des Modernisierungsprozesses

Spätestens an dieser Stelle hat medienpädagogische Betrachtung einzusetzen, die ja, wie im ersten Kapitel dargestellt, den sozialen, kulturellen und politischen ‚Nutzen' aller Arten von Medien nicht für Erfinder und Produzenten, sondern deren ‚Abnehmer' mit ihren Mitteln sicherzustellen hat. Der amerikanische Kommunikationssoziologe Daniel Lerner hat in dem Buch „The Passing of Traditional Society" (1958) publizistischen Wandel als Modernisierungsprozeß gedeutet. Wenn die sozio-ökonomischen Bedingungen eines gesellschaftlichen Systems noch *agrarisch* sind, die politischen *nicht-repräsentativ* und die kulturellen weithin *analphabetisch*, so ist eine Kommunikationsform anzunehmen, die durch mündliche Weitergabe von Nachrichten bestimmt ist. Die Primärgruppen (Familien- und Verwandtschaftssysteme) dominieren in der öffentlichen, aber sozial segmentierten Kommunikation. In unserer *nicht-agrarischen repräsentativen* Demokratie mit nicht nur *einem*, sondern verschiedenen Alphabeten hat eine Systemdifferenzierung stattgefunden, in der unterschiedliche Nachrichten durch unterschiedliche Systeme weitergegeben werden. Systemabstraktion überwölbt das direkte Handeln. Sozioökonomischer und kultureller Wandel hängen untrennbar zusammen.

Modernisierung bedeutet aber nicht nur die *Differenzierung* und Erhöhung der Systemkomplexität von Gesellschaften, sondern zugleich eine zunehmende *Konvergenz* unterschiedlicher Gesellschaften. Zum einen erzeugt die Gleichheit der industriellen Lebensbedingungen Handlungsformen und Lebensstile sowie Wertorientierungen, die nationale und andere Unterschiede nivellieren. Sodann sorgen die Medien dafür, daß die internationale Verflechtung in Form der Verbreitung von immateriellem Kulturgut entschieden verstärkt wird. Die Bildung übernationaler politischer Zusammenschlüsse bis zur UNO, der wachsende Verpflichtungscharakter von internationalen Verträgen und Abschlüssen, multinationale Wirtschaftsverflechtungen, aber auch das wachsende Bewußtsein um die Risiken der technischen Hochzivilisation lassen Modernisierung als Globalisierung industrieller und kultureller Trends verstehen. Dabei betonen wir im Gegensatz zu den 60er und 70er Jahren heute aufgrund ökologischer Krisen (z. B. Ozonloch, Atomkraftwerke) und offenbar nicht ausrottbarer weltpolitischer Irregularitäten heute eher die Modernisierungs*krisen*.

Auch hinsichtlich der Funktion von Medien müssen wir, zumindest teilweise, umdenken. In den 70er Jahren konnte der Kommunikationswissenschaftler Jörg Aufermann in seinem Buch „Kommunikation und Modernisierung" (1971, S. 141) den Modernisierungsbegriff noch so definieren: „Unter Modernisierung verstehe ich den Prozeß der entprivilegisierenden Transformation jeweils etablierter wirtschaftlicher, sozialer und politischer Ordnungsgefüge – aufgrund fortschreitender Ausdehnung einer umfassenden Rationalität als emanzipatorische Bestimmungskraft materieller Produktion und der ihr verpflichteten sozialen und politischen Organisationsformen in ihrer Gesamtheit; der Richtungssinn der Transformation resultiert aus Veränderungen des Bewußtseinsstandes der Gesellschaftsmitglieder, der seine Geltungsgrundlage im gesellschaftlichen Sein der Menschheit hat." Mit dieser Definition setzt Aufermann voraus – und erläutert dies im folgenden –, daß die „sozial-relationalen Qualitäten der Rezipienten", also ihre Gesellschaftlichkeit, dafür verantwortlich sind, daß die „emanzipatorische Bestimmungskraft" von Rationalität im Modernisierungsprozeß auch über die Medien zum Zuge kommt.

Das *Problem* der Modernisierungsdefinition Aufermanns besteht darin, daß er eine sozialpolitisch oder sagen wir ruhig: pädagogisch gemeinte Zielproklamation (Rationalität als emanzipatorische Bestimmungskraft) als den Modernisierungsprozeß leitend postuliert. Wie wir wissen, folgen die Medien jedoch nicht in erster Linie dem Postulat der gesellschaftlich-emanzipatorischen Notwendigkeit, dem Postulat der Sozialverträglichkeit oder des kulturellen und informatorischen Nutzens allein, sondern sie sind inzwischen in ihrer privatwirtschaftlichen Organisation und Legitimation Systeme geworden, die aus technologischen, wirtschaftlichen und anderen Kalkülen heraus sowohl Aufklärung verbreiten können als auch verhindern. Diese eminente *Ambivalenz* ist in den Beiträgen des amerikanischen Nachrichtensenders CNN (Berichterstattung über den Golfkrieg) ebenso deutlich geworden, wie sie auch die alltägliche Arbeit von Medienpädagogen permanent beschäftigt. Medien produzieren eben nicht nur aufklärende Informationen oder entlastende Unterhaltung, sondern auch Gewaltstimulanzien und Horrorvisionen; sie verdoppeln die Wirklichkeit nicht nur, sondern produzieren sie auch.

Die ökonomische Rationalisierung moderner Gesellschaften, die mit einer weitgehenden sozialstrukturellen Differenzierung verbunden ist, hat also nicht zu der gewünschten politisch-sozialen Egalisierung geführt, und sie hat auch nicht das Ziel klarer ins Licht gerückt, Medienkommunikation der Verbindlichkeit von Wahrheit (Aufklärung usf.) verpflichtet zu sehen. Modernisierung heißt Wachstum; jedoch steht nun zur Debatte, inwieweit die gesellschaftliche Systemdifferenzierung, die ein mächtiges Medien-System aus sich entlassen hat, zu *soziokulturellem* Wachstum beigetragen hat. *Ohne* Medien sind Gesellschaften nicht mehr vorstellbar, aber die soziokommunikativen Kosten für solche Modernisierungsprozesse sind ebenfalls erheblich gestiegen. Wir sprechen heute von ‚Informationsverschmutzung' und wissen, daß die Vervielfältigung von Zeichensystemen durch Medien nicht nur zu größerer Luzidität und Klarheit geführt hat, sondern zu einem Zeichen-Dschungel, in dem sich allenfalls noch gutausgebildete Experten zurechtfinden können. Das Publikum ist groß, aber keineswegs homogen, und seine Verstehens- wie Verständnisbereitschaft ist äußerst unterschiedlich. Verdeckt durch die ständige Analyse und Bekanntgabe von Einschaltquoten und übergreifenden Trends übersehen wir oft, daß der Modernisierungsprozeß ebenfalls die Individualisierung von Publika gefördert hat und auch von daher ein ‚Gemeinwohl‘, auf das alle sich qua Geburt verpflichten ließen, nicht mehr leicht auszumachen ist.

2.2. Individualität und Individualisierung als Wertproblem

Die eben angesprochenen Individualisierungsprozesse in unserer Gesellschaft mit der leitenden These, lebensweltliche Bindungen (an Herkunft, soziale Milieus, religiöse Verortungen etc.) würden zunehmend erodiert und durch vergesellschaftete Lebensformen ersetzt, steht in einer langen Tradition grundsätzlicher Debatten. Schon in der Antike beispielsweise wurde das Wertziel des ‚bonum singulare unius personae‘ unterschieden vom ‚bonum singulare‘ aller. Die Individualethik wird als Kontrast zur Sozialethik gesehen, und in der Regel erhielt letztere den Zuschlag, auch im Christentum. Eine individualethische Besonderung widerspräche nicht nur christlichem Denken und christlicher Tradition, sondern auch einem immer wieder Gültigkeit beanspruchenden Gesellschaftsverständnis. Noch Saint Simon sprach von ‚Egoismus‘ in sozialtheoretischer Bedeutung, während seine Nachfolger und Interpreten diesen Begriff durch den des ‚Individualismus‘ ersetzten. Unter diesen Individualismus wurde in kritischer Absicht die gesamte Sozialphilosophie des 18. Jahrhunderts subsumiert. Kennzeichnend ist das Zerreißen des Zusammenhangs von individuellem Gewissen und öffentlicher Meinung. Die Gesellschaft, so Pribram (1912) werde betrachtet als zusammengesetzt aus isolierten Individuen, die erst über einen Gesellschaftsvertrag sich so einigen, daß eine akzeptable Lebensform entsteht.

Zwar trug das entstehende Bürgertum zur Feier des Individualismus bei, da nur dieser Stände- und Klassenschranken durchbrechen konnte, und in klassischer wie romantischer Philosophie wird in jeweils unterschiedlicher Weise (bis zu Schopenhauer und Nietzsche) und darüber hinaus gerade angesichts kollektiver Massenhysterien und Verführungen die Autonomie des vernunftgeleiteten Individuums betont. Dennoch wird die Hervorhebung der persönlichen Freiheit vor der gesellschaftlichen Bindung eher skeptisch gesehen. Nicht nur die aufklärerische Theorie des Gesellschaftsvertrages, sondern auch die des Wirtschaftsliberalismus, wonach das Erwerbs- und Profitinteresse der autonomen Produzenten den in freier Konkurrenz erfolgenden Güteraustausch auf dem Markt steuere, schließlich die geistesgeschichtlichen Wurzeln des Individualismus (Epikureismus, Nominalismus, Protestantismus) werden als eher problematisch diskutiert (McPherson 1967).

Entweder wird Individualismus als Produkt des Kapitalismus und der Entfremdung und somit als antihumanistische Loslösung aus der Gesellschaft verurteilt (z. B. Macher 1964), oder es wird über die interaktionstheoretische Prämisse vom Menschen als sozialem Wesen (bis in die Du-Philosophie eines

Martin Buber), ein Weg zwischen Individualismus und Kollektivismus gesucht,
wie er auch dem modernen Kommunikations- und Diskursbegriff zugrunde liegt
(Rauscher 1976).

Diese Debatten reichen auch in die Pädagogik und in die Kommunikationswissenschaft. Die pädagogischen Grundbegriffe ‚Erziehung‘ und ‚Bildung‘
thematisieren die Spannung zwischen einer sozialen Lenkbarkeit und Integrier-
barkeit des Menschen (durch Erziehung) oder aber seiner letzthinnigen Unver-
fügbarkeit für erzieherisch-intervenierende Eingriffe (Bildung, für die allenfalls
günstige Bedingungen bereitgestellt werden können). Auch, wenn beide Prozesse für die Praxis aneinandergekoppelt gedacht werden, ist ihnen doch eine
kategoriale Verschiedenheit eigen.

Die Kommunikationswissenschaft betont den Menschen als sozialhandelndes
Wesen; aber auch in ihr gibt es einerseits die (inzwischen immer weniger
geteilte) Vorstellung von einem durch Reiz-Reaktions-Mechanismen gesteuerten
Individuum und andererseits von einer durch soziales Aushandeln erfolgenden
Kommunikation. In der ersten Vorstellung sind die Medien eher auslösende
Wirkfaktoren, während die zweite das grundlegende soziale Handeln der Men-
schen betont. Inzwischen müssen, wie gleich deutlich werden wird, auch solche
kommunikationswissenschaftlichen Überlegungen differenziert werden.

Um dies deutlich zu machen, möchte ich im folgenden eine Unterscheidung
treffen zwischen *unmittelbaren* und *mittelbaren* Beziehungen. Menschen können
danach ihre Kommunikationen und Handlungen regeln (1) in *unmittelbaren
Verhältnissen,* in spontan entstehenden Gruppen und freien Assoziationen, oder
sie können dies (2) tun in *mittelbaren Verhältnissen,* also über ‚Vermittlungspro-
zesse‘ und ‚Vermittlungsinstitutionen‘ wie Familie, Berufsgenossenschaften,
staatliche Regelungen usf.

In der Regel diskutieren Soziologie und Pädagogik eher die *mittelbaren
Verhältnisse.* Dies impliziert auch der häufig benutzte Begriff ‚Lebenswelt‘, die
als kulturelles Produkt einen Zustand gesellschaftlicher Ordnung darstellt, in
dem das alltägliche Leben über Organisationen und die Zugehörigkeit zu Institutionen geregelt wird. Auch andere Grundauffassungen wie die von ‚Sozialisation‘ oder die von ‚Kommunikationsprozessen‘ gehen davon aus, daß Menschen in historisch entstandenen, aktuell wirkenden und geregelten sozialen
Aggregaten leben, die ihnen zwar spontane Reaktionen und eigenwillige Handlungen ermöglichen, aber gleichzeitig ein Set von Regeln und Regularien,
Konventionen und Traditionen anbieten, die erst Verständigung und Verstehen,
damit gemeinsames politisches, soziales und kulturelles Handeln ermöglichen.
Alle Kommunikationsbeziehungen, nicht nur die über Medien, sind also *mittelbar.* Unmittelbare Kommunikationsbeziehungen sind die Ausnahme. Beispiele
dafür bieten die Geschichte vom Barmherzigen Samariter, der ohne Ansehen der
Person handelt, aber auch selbst gerade als jemand gewertet wird, der eigentlich
sozial verächtlich ist und dennoch genau das tut, was die sozial Anerkannten

nicht tun. Ein anderes Beispiel ist die Liebe von Romeo und Julia – gegen die Feindschaft ihrer Familien; überhaupt sind romantische Liebesbeziehungen (Tristan und Isolde) gute Exempel für die Radikalität unmittelbarer Begegnung.

Wenn die These gilt, daß die durch lebensweltliche Bindungen organisierten mittelbaren Kommunikationsbeziehungen zunehmend unverbindlich werden und durch abstraktere soziale Regelungen (‚Vergesellschaftung‘ genannt) oder unverbindlichere und neustrukturierte Zuordnungsweisen ersetzt werden, dann sind es die *unmittelbaren* Verhältnisse, die davon prinzipiell unberührt bleiben, da sie über sozialisatorische Regularitäten nicht zu regeln und zu erfassen sind. Die These lautet also: *Wenn lebensweltliche Bindungen schwächer werden, wird die Ebene der nicht durch Schicht, Herkunft, Tradition, Beruf, Ausbildung regulierten zufälligen oder existentiell erfahrenen Kommunikationsbeziehungen um so stärker.* Hinsichtlich der Medien bedeutet dies: *Da die Botschaften der Medien eine Querstruktur zu sozialen Bindungen und Sozialisationsinstanzen darstellen und quasi ‚von außen‘ in sie eindringen und sich dann mit ihnen verbinden, sind sie es, die zunehmend angesichts individualisierter Lebensverhältnisse starke Bedeutung erlangen für das einzelne Individuum, das sich nur noch abgeschwächt oder teilweise an seinem lebensweltlichen Milieu orientiert.*

Die Öffentlichkeit als von privater wie staatlicher Sphäre geschiedener Bereich mit der Aufgabe, das Wirken des Staates und seiner Organe und der in ihnen versammelten Machtgruppen und das private Leben zu ‚vermitteln‘, ist dann ebenfalls nicht mehr unmittelbarer Bestandteil lebensweltlicher Bindungen und eingegangen in die Konkretheit heute lebender Gruppen und Individuen, sondern ebenfalls ein Element vergesellschafteter Existenz. Sie ist das Konstrukt der Texte und Programme, entsteht durch Thematisierungskapazitäten (was kann aufgenommen werden) und Selektionsprozesse der Medien, angefangen vom Journalisten als ‚Gatekeeper‘ (‚Türhüter‘, der nur bestimmte Nachrichten durchläßt) bis zu den Aufsichts- und Kontrollorganen sowie Auftraggebern, die an der Konstruktion einer Medienkommunikationswirklichkeit mitarbeiten, die den Adressaten weder unmittelbar noch mittelbar verfügbar bleibt. Ein derart präpariertes Konzept von ‚Öffentlichkeit‘, wie wir sie heute finden, stützt das Individualisierungstheorem. Die amerikanische Wirkungsforschung – weit entfernt von diesen kritischen Denkzusammenhängen – hat dies in ihren Anfängen gleichsam naiv bestätigt, weil sie, ausgehend vom Konzept der ‚mass media‘, sich ein homogenes Massenpublikum vorstellte, das gleichsam schutzlos den Aussageimpulsen ausgeliefert war, die von den Medien ausgingen.

Die Entdeckung des Tatbestandes, daß soziale Beziehungen eine entscheidende Rolle im Kontext der Medienkommunikation spielen, ergab sich für die empirische Massenkommunikationsforschung der USA als überraschender Fund. Es waren Lazarsfeld, Berelson und Gaudet, die im Jahre 1940 in einer Untersuchung des Einflusses der Wahlkampagnen in den Medien für die Präsidenten-

wahl zunächst als Schlüsselvariablen makrosoziologische Daten ansahen wie
Alter, Geschlecht, ökonomischer Status, Bildungsstand, Wohnregion. Während
der Interviews stießen die Forscher jedoch auf einen Tatbestand, mit dem sie
nicht gerechnet hatten: Die Befragten berichteten, als man sich nach ihrer
Teilnahme an politischen Werbekampagnen in den Medien erkundigte, vor allem
von *persönlichen* Gesprächen und politischen Diskussionen mit Menschen ihrer
Umgebung, die nun offenbar bei der Entscheidungsfindung wichtig waren.
Heute ist es bekannt: *Informelle* soziale Gruppen spielen eine entscheidende
Rolle. Nicht die Kanäle der Medien, sondern die *interpersonalen Beziehungen*
beeinflussen die Wirkungen. Damit war die These vom Two-Step- (später Multi-
Step-)Flow of Communication auf den Plan der Kommunikationsforschung
getreten. Sie besagt, daß die Botschaften der Medien kommunikatorisch zunächst bestimmte Meinungsführer erreichen und diese in einem *zweiten Schritt*
dann Informationen und Interpretationen weitergeben. Nunmehr galten die
Medien nicht mehr als untrennbare Reize. Auch die psychischen Dispositionen
der einzelnen (Individualpsychologie) oder ihre Zugehörigkeit zu makrosoziolo-
gischen Gruppen (Beamtentum, Unternehmerschaft) erschienen nicht mehr
entscheidend. Vielmehr standen nunmehr die Kommunikation in *primären*
Gruppen im Mittelpunkt und damit die Forschungen und Ergebnisse der Klein-
gruppensoziologie und der allgemeinen, nicht auf Massenkommunikationsforschung beschränkten Sozialpsychologie. Eine Fülle von Forschungen differenzierte das generelle Bild. ‚Opinion Leader' (Meinungsführer) wurden nicht nur
in den Familien mit unterschiedlichen Themenzuständigkeiten (Vater: Politik;
Mutter: Mode etc.) gefunden, sondern auch in der Sphäre des Berufs, der
Freizeit und in den Medien selbst (populäre Moderatoren, sich wirksam präsen-
tierende Politiker usf.).

Bis hierhin wurde ‚Individualisierung' vorwiegend verstanden als Formation
differenter Lebensmilieus und Alltagsformen, in denen die Menschen leben. Die
inzwischen vielfach differenzierte, auch kritisierte Behauptung eines ‚Two-Step-
Flow of Communication' ging davon aus, daß sich lebensweltliche Einbindung
und medial-produzierte Handlungsräume mehr oder weniger als geschlossene
Ensembles gegenüberstehen. Die in den amerikanischen Studien gewonnene
Einsicht, die Primärgruppe (z.B. Familie) steuere letztlich die Wirkungen des
Fernsehens und der anderen Medien, hat dazu geführt, die *Interaktionseinlage-
rung des Medienkonsums stark zu beachten.* Inzwischen wird ‚Individualisierung' jedoch in einer weiteren Nuance verstanden. In der kommunikationswissenschaftlichen Debatte hat beispielsweise Schenk (1983) darauf hingewiesen, daß das Bild interpersonaler Kommunikation sich gerade im letzten Jahrzehnt verändert hat. Nicht mehr die alten Gruppen wie Familie und lokale
Nachbarschaft ermöglichten *allein* Meinungsführerschaft, sondern in der modernen, großstädtisch differenzierten Gesellschaft kämen ganz andere Einflußberei-
che hinzu. Nachbarn sind oft persönlich gar nicht mehr bekannt, während

Arbeitskollegen und die Berufssphäre – losgelöst vom familiären oder privaten Lebensraum – häufig einflußreich sind. Schenk (1983, S.328) resümiert seine Überlegungen so, „daß die Massenkommunikation in modernen Gesellschaften kaum durchgängig auf lokale und homogenisierte Gruppen trifft, deren Absorptionskraft die Wirkung der Massenmedien begrenzt. Eine selektive Weiterverarbeitung der Medieninhalte findet zwar auch in den weitverzweigten interpersonalen Kommunikationsnetzwerken statt, die die Fusion von Ideen und Informationen in struktureller Hinsicht einerseits begünstigen, andererseits aufgrund ihrer relativ geringen Dichte keinen stabilen Anker für die individuellen Einstellungen und Meinungen offerieren, so daß unter Umständen auch mit einer größeren Wirkung der Massenmedien zu rechnen ist." – Dies bedeutet nicht nur, daß der Filter der Primärgruppe unter bestimmten, häufiger werdenden Bedingungen seine Absorptionskraft verloren hat. Wesentlicher noch ist die Einsicht, daß es zunehmend schwieriger wird zu erkennen, an welche Identifikations- und Imitationsmodelle ein Mediennutzer seine Erfahrungen und Handlungsimpulse anbindet, da ihm die Selektion *aus* und die Bezugnahme *auf* eine(r) geschlossene(n) Lebenswelt keineswegs durchweg möglich sind.

Dies gilt besonders auch für Jugendliche. Die parasoziale Interaktion (mit Figuren der Medien) und andere Formen der Beziehungsgestaltung sind in der Handlungswirklichkeit des jugendlichen Mediennutzers relativ diffus und räumlich diffundiert. Die Anknüpfungspunkte, die bei Kindern noch ausschließlich in der Familie liegen, vervielfältigen sich mit dem Aufwachsen, wobei die Segmentierung der Lebensbereiche zunehmend voneinander abgrenzbare, oft in ihren Wertorientierungen und Handlungsformen auch unterschiedliche Szenen schafft (etwa: Schule gegen Straßensozialisation; Konzertsaal gegen Discos; Jeansshop gegen Kirche). Die *Interferenz* von sozialen Räumen und Medien besteht darin, daß es sich bei beiden um hochaggregierte, mannigfach differenzierte und keineswegs geschlossene Wirklichkeiten handelt (Baacke 1989). Zu dieser Diagnose kommt auch Schenk (ebd., S.335). „Die Dispersion der Kontexte, aus denen Individuen ihre persönlichen Beziehungen rekrutieren, hat im Zuge der Entwicklung von der ‚Gemeinschaft' zur ‚Gesellschaft' offenbar zugenommen. Anstelle der ehemals vorgegebenen traditionalen Kontexte, wie z.B. Verwandtschaft, Nachbarschaft, Religionsgemeinschaft usw., rücken zusehends moderne Kontexte, wie z.B. Vereinigungen, Arbeitsplatz, Clubs, Freundschaften etc, die gleichwohl den Aufbau persönlicher Beziehungen ermöglichen, es den Individuen – je nach Interessen – dabei jedoch auch gestatten, bei der Auswahl selektiver zu verfahren. Dadurch öffnen sich die persönlichen Netzwerke der Individuen aber in der Regel nach außen und dehnen sich – vor allem auch durch das Anwachsen schwacher Beziehungen – beträchtlich aus." Auszugehen ist heute von nur lose verbundenen Gesamtnetzwerken persönlicher Beziehungen. Dies hat zur Folge: „Die neuen lockeren sozialen Netzwerke (begünstigen) zwar die Diffusion von Ideen und Informationen", bieten aber

„aufgrund ihrer relativ geringen Dichte keinen stabilen Anker für die individuellen Einstellungen und Meinungen", so daß „mit einer größeren Wirkung der Medien zu rechnen ist."

Das Konzept des *sozialen Netzwerks* erlaubt, die Einbettung des Individuums in der Sozialität differenzierter zu beschreiben. Neben persönlichen Netzwerken (enge Verwandte, intime Freunde) und eher intim gestalteten Zonen (Familie) gibt es auch solche, die eher auf Produktivität oder Effektivität angelegt sind (Ökonomie, Politik) oder andere, die ausschließlich formalen Charakter haben (Zugehörigkeit zu einer Steuergruppe). Wichtig sind die sozialen Netzwerke für soziale Unterstützung. Die ‚Social Support'-Forschung unterscheidet unterschiedliche Formen der Hilfeleistung. Von ‚material aid' (direkte Hilfe, z.B. Ausleihen von Salz) über ‚behaviour assistance' (Mithilfe und Mitarbeit bei schwierigen Aufgaben, etwa Ausfüllen von Steuerformularen etc.) bis zur ‚guidance' (Beratung, Information, Hinweis auf Unterstützungsmöglichkeiten) und ‚positive social interaction' (wie gemeinsamer Urlaub, gemeinsame Freizeitpläne) gibt es eine Fülle unterstützender Funktionen, die von *unterschiedlichen* Netzwerken geleistet werden (dazu: Nestmann 1988). Schnell wird deutlich, daß viele ‚supports' heute nicht mehr in der direkten Nachbarschaft erbracht werden. ‚Material aid' etwa kann durch ein Versorgungsamt geleistet werden, das nicht einmal mehr in dem Stadtteil liegen muß, in dem der Unterstützungsempfänger wohnt.

Hier kommen die Medien zum Zuge: Das Telefon kann beispielsweise räumliche Distanzen überbrücken (es wird heute auch als ‚support medium' eingesetzt, etwa in der Telefonseelsorge, im Sorgentelefon für Schüler, in der Drogenberatung etc.). Im Amt selbst können Computer-Programme an die Stelle persönlicher Beratung treten, damit die Bedienungsschnelligkeit verbessern. Längst wird von den Medien, sei es Fernsehen oder Radio, *Lebenshilfe* erwartet, von Verbraucherinformationen, Hautpflegetips, Sexberatung bis zu der neuen Fülle von Kontaktsendungen für Singles, Alleingelassene oder neue Beziehungen suchende Personen. Eine solche Funktion der neuen Informations- und Kommunikations-Techniken ist freilich nur dann gegeben, wenn diese sozusagen auf den Endverbraucher und bestimmte Zielgruppen genau eingestellt sind. Regionalisierung, Lokalisierung, Zielgruppenprogramme, offene Kanäle, Community-TV: dies sind Angebotsformen der Medien, die selbst zum Bestandteil lokaler Netzwerke werden können. Die Debatte um die neuartigen kommunikativen Netzwerke zwischen Menschen ist also eine über Individualisierungsprozesse in modernen Gesellschaften. Der Begriff der ‚sozialen Gruppe', bestimmt durch Nähe und Vertrautheit, wird durch die Analyse komplexer Fächerungen im sozialökologischen Feld ersetzt, deren besondere Eigenschaft darin besteht, daß es soziale Bezugspunkte und Meinungsführer – je nach Thema und sozialer Funktion – an vielen Stellen gibt, so daß auch hier die Vorstellung einer gleichmäßig lebensweltlich erschlossenen sinnstiftenden Umgebung zumindest einge-

schränkt werden muß. Der Schutz mittelbarer Lebensformen und die Unmittelbarkeit (mit ihrer ambivalenten Offenheit) unmittelbarer Lebensformen stehen
heute häufig nebeneinander. Auch die neuen Beobachtungen zu einer ‚Erlebnisgesellschaft‘ (G. Schulze 1992) fügen sich diesen Überlegungen ein. Die orts-
und statuszentrierten Milieus werden durch neue Formen gesellschaftlicher
Segmentierung ersetzt; nicht das traditionelle Schichtungs- oder Klassenmodell
bestimmt heute die Lebenswirklichkeit, sondern verhältnismäßig vielfältige
Kombinationsmöglichkeiten von Optionen unterschiedlicher stilistischer und
inhaltlicher Welten. Schon Jugendliche durchwandern in jugendkulturellen
Szenen unterschiedliche Milieus: Sie beginnen als Mitglied eines Kirchenchors,
werden zum Pfadfinder, lösen sich ab und wählen die Punkexistenz, um nach
einer unspezifischen Phase als Heavy-Metal-Freak ein Studium der Sozialarbeit
aufzunehmen. Wir nennen dies ‚Biographisierung‘ und meinen damit, daß der
einzelne heute entschieden stärker als zu anderen Zeiten die inhaltlichen Elemente und Zieldimensionen seines eigenen Lebens kombiniert, ohne durch
traditionelle Herkünfte und soziale Erbschaften gelenkt und gebunden zu sein.
Schulze beschreibt im 6. Kapitel (S. 277ff.) fünf Milieus, deren Zusammen-
setzung jeweils sehr heterogen ist – davon abgesehen, daß sie jeweils als über-
gänglich betrachtet werden müssen und vielleicht schon heute andere Mischkon-
stellationen anbieten. So gibt es beispielsweise das *Niveaumilieu* (Teilnehmer:
eher über 40 Jahre, gebildet, akademisch orientiert, Orientierung an der Hochkultur, Kontemplation und Rückzug). In diesem Milieu dominiert klassische
Musik und allenfalls moderner Jazz; gelesen werden für anspruchsvoller gehalte-
ne Zeitungen und Zeitschriften (Der Spiegel, Die Zeit); im Fernsehen werden
Nachrichten und politische Diskussionen, zeitgeschichtliche Informationen und
alle Möglichkeiten intellektueller Orientierung gesucht. Trivialliteratur, Schlager
und Rockmusik, aber auch Basteln oder Autoputzen werden eher abgelehnt.
Anders das *Harmoniemilieu* (ebenfalls eher älter, aber geringere Bildung, ältere
Arbeiter, Verkäuferinnen, Rentner und Rentnerinnen). Diese Gruppe stellt die
Häufig-Fernsehzuschauer, die sich für Volkstheater, Shows, Quiz, Heimat- und
Naturfilme erwärmen sowie Unterhaltungssendungen, Volksmusik, deutsche
Schlager mögen. Sie pflegen Auto oder Motorrad, Wohnung und Garten; weni-
ger beliebt sind klassische Musik, Rock und Pop, jede Art intellektueller Orien-
tierung, die gehobene Presse, Modezeitschriften und die Hochkultur. Eine
gewisse Mischung stellt das *Integrationsmilieu* dar (meist älter, mittlere Bildung,
Angestellte und Beamte): Hochkultur wie Triviales werden durchaus akzeptiert,
wichtig aber ist vor allem Gemütlichkeit. Hier mischen sich unterschiedliche
kulturelle Bereiche, aber alle ‚Extreme‘ werden abgelehnt. Relativ neu ist das
Selbstverwirklichungsmilieu (meist jüngere Mitglieder, mittlere oder höhere
Bildung, oft pädagogische oder therapeutische Berufe, Studenten, aber auch
Yuppies; Verbindung von Action und Kontemplation). Dies Milieu nimmt an
neuen Kulturszenen aktiv teil (Pop, Rock, Folk, Sport wie Tennis, Skifahren,

Surfen); Stadtteilzentren werden besucht, Rockkonzerte und -festivals spielen
eine Rolle, aber auch Modezeitschriften, Kneipen, Discotheken gehören in die
Ausgeh-Kultur; Selbsterfahrung wird gepflegt; im Fernsehen werden eher
anspruchsvolle Sendungen gesucht. Trivialliteratur, Regenbogenpresse, deutscher
Schlager, Blasmusik, aber auch das Saubermachen der Wohnung werden eher
abgelehnt. Schließlich das *Unterhaltungsmilieu* (meist jünger, geringere Bildung,
Arbeiter und Verkäuferinnen, starke Action-Orientierung). Hier wird das Ausgehen in Vergnügungsvierteln präferiert, Videos werden gesehen, beliebt sind
amerikanische Krimis sowie Actionfilme, Autorennen, Zeichentrick, Sportzeit-
schriften, Pop, Rock aber auch deutsche Schlager. Politische Diskussionen,
klassisches und modernes Theater, jede Art höherer Literatur, überhaupt die
Hochkulturszene wird eher abgelehnt.

Die Kategorie ,Erlebnis' ist nicht sehr stabil. Aufgefüllt wird sie ohne
Zweifel stark durch die Medien-Inhalte, vor allem die privaten Anbieter, die
derzeit starke Impulse vor allem für das Unterhaltungsmilieu, aber auch das
Selbstverwirklichungsmilieu oder das Integrationsmilieu bereitstellen, ohne daß
diese prognostisch hochzurechnen sind, sprich: es ist konstitutiv für ,Erlebnis'
in Verbindung mit Medien, daß dieses zwar unmittelbar und stark sein kann,
ohne aber auf Dauer gestellt sein zu müssen. Dafür sorgen eher die *mittelbaren*
Verhältnisse, die in der traditionellen Verhaftung und Routinisierung von Le-
bensstilen und Lebensabläufen ein gewisses Maß von Dauer und Konstanz
verbürgen. Die medienstimulierten Erlebnismilieus hingegen sind eher kurzfristig, weil sie eben nicht auf stabilen Grundlagen und lebensweltlichen Ver-
ankerungen mit historischen Fundierungen aufruhen.

2.3. Neue Leitkategorie: ,Geschmack'

Die hier beschriebene Ambivalenz der Individualisierung kann an der Ge-
schmacks-Kategorie noch ein Stück weit verdeutlicht werden. Es ist heute die
Feier des persönlichen eigenen ,Geschmacks', der die Auswahl, aber auch die
Produktion von Wahrnehmbarem bestimmt.

Auf die Bedeutung des Geschmacks in modernen Gesellschaften hat Luc
Ferry in seinem Buch „Der Mensch als Ästhet (homo aestheticus)" (1992)
aufmerksam gemacht. Die Pointe von Ferrys Argumentation liegt darin, daß er
nicht Weltrevolutionen, Ökonomie oder andere auf den ersten Blick plausible
Erklärungen zur Entstehung der individualisierten Moderne heranzieht, sondern
ein Phänomen aus dem ästhetischen Bereich, der in der Regel eher am Rande
behandelt wird: eben das Phänomen des Geschmacks. Seine Leitthese formuliert
Ferry so: „Es gibt keine eindeutig einheitliche Welt mehr, sondern eine Vielheit
von für jeden Künstler besonderen Welten; es gibt nicht mehr eine Kunst,
sondern eine nahezu unendliche Mannigfaltigkeit von individuellen Stilarten.

Der Gemeinplatz, wonach das Schöne Sache des Geschmacks ist, ist schließlich
Wirklichkeit geworden oder genauer: So weit es eine Unterscheidung zwischen
einem Künstler mit Talent und einem, wie Kant es mit seinem unvergleichlichen
Jargon genannt hat, ‚Stümper' gibt, neigt diese Unterscheidung heutzutage dazu,
ausschließlich individuell zu werden; sie legt keinen Wert mehr auf die Fähigkeit eine Welt zu schaffen, die die beschränkte private Erlebnissphäre ihres
Schöpfers zu überschreiten vermag. Sie besteht ganz im Gegenteil aus einem
mehr oder weniger stilisierten Kult (und genau dort nistet sich in letzter Instanz
noch die alte Frage nach den Kriterien ein) von Idiosynkrasien. Nicht das
‚Wesen' des Menschen wird heute zum Ausgangspunkt genommen, sondern
seine ‚gemachten Erfahrungen', die ihn zu dem haben werden lassen, was er ist.
Damit wird das hauptsächliche Merkmal der modernen Kultur jener Prozeß der
Subjektivierung, deren bevorzugter Austragsort die Ästhetik ist." Denn, so Ferry
„das Verschwinden von Welt, das die postmoderne Kunst auszeichnet, ebenso
wie das Trachten nach einer wissenschaftlichen Objektivität und die beabsichtig-
te Wiederaneignung seiner selbst mittels historischer Erkenntnisse sind nur drei
Gesichter ein und derselben Revolution: derjenigen, durch die sich der Mensch
zum Prinzip und telos des Universums macht." (S. 18) Die sinnliche Welt,
Gegenstand der Ästhetik ist „im strengeren Sinne das dem Menschen eigentüm-
liche", sie steht gegen die Traditionen von Metaphysik und Religion. Heute wird
vom Künstler nicht so sehr verlangt, daß er den ‚Weltgeist' auszudrücken
vermag, sich also auf ein hypostasiertes Sinnganzes bezieht, das allen Menschen
eigentümlich ist, sondern er soll ‚Originalität' zeigen, eine eigene Kunstwelt
aufbauen: auf diese Weise wird er selbst zum Schöpfer, zum second-maker eines
aus ihm entworfenen Universums, um das sich die verschiedenen Geschmacks-
kulturen, die entstanden sind, versammeln." – Damit sind wir direkt bei den
Medien als denjenigen Einrichtungen, die die Welt heute in umfassendem Maße
ästhetisieren (wahrnehmbar machen). Gerade Medien transportieren in besonderer Weise den Widerspruch, einerseits heute ‚für jeden Geschmack' etwas bieten
zu wollen und bieten zu müssen (das Publikum zerfällt ja auch, wie alle Untersuchungen belegen, in immer mehr Spezialzielgruppen; nicht einmal der Gegensatz zwischen Gebildeten und weniger Gebildeten und ihrer jeweiligen Milieu-
herkunft ist mehr konstant); andererseits aber müssen sie über Information,
Kommentierung, aber auch Unterhaltung und Beratung gemeinsam geteilte
Weltsichten ermöglichen.

Indem der ‚persönliche Geschmack' heute das individuelle Urteil geradezu
rechtfertigt (keiner muß mehr begründen, warum er Jazzfan oder Opernfreak ist,
warum er sich Fußballspiele anschaut oder nach Möglichkeiten des Home
Banking sucht), dann ist die über eine jeweilige Biographie konstituierte Subjektivität höchst wandelbarer, sich von einander unterscheidender, sich auch
vorübergehend angleichender Individuen die Grundlage eines Weltverhältnisses,
das die Medien entscheidend konstituieren. Die klassische Frage nach ‚Öffent-

lichkeit', wie sie eingangs diskutiert wurde, hätte sich damit erledigt. Es gibt soviele Öffentlichkeiten wie Individuen – um dies pointiert auszudrücken. Oder, etwas schärfer an der Sache: *welche* Öffentlichkeit jeweils von *welchen* Individuen mit welcher Verbindlichkeit und auf welche Dauer begründet und aufrechterhalten wird, ist nicht mit Sicherheit vorauszusagen.

Dennoch bleibt das Streben des Menschen nach Verläßlichkeit und Sicherheit (vgl. Harmoniemilieu), und es bleibt auch der Wunsch, gemeinsame Grundlagen des Welterlebens zu teilen und im moralischen Sinne einen Wertkanon zu kennen, der sich als verläßlich erweist. Dies ist um so wichtiger in einer Welt, die ,das Fremde' längst nicht mehr ausgrenzen *kann*, also multikulturelle Mischungen zusätzlich ständig der ästhetischen Wahrnehmung hinzufügt und sie verunsichert. Die eingangs gestellte moralische Frage nach geteilten Grundprinzipien in einer Gesellschaft, die sich derart individualisiert, hat sich also keineswegs erledigt. Nicht nur, weil die Suche nach Konsens offenbar eins der Grundbedürfnisse des Menschen ist (neben der Suche nach *Unterscheidung*), sondern auch, weil ein funktionierendes Gemeinwesen immer wieder auf Abstimmungsprozesse angewiesen ist. Dabei genügt es nicht, nur Stimmen für die eine oder andere Position zusammenzufassen. Für das Vertreten einer Position muß es ja auch *gute Gründe* geben und diese muß das je für sich stehende Individuum immer wieder anderen vermitteln. Sonst wären Erziehung und Sozialisation nicht mehr denkbar.

Der Modernisierungsprozeß führt also auf Fragen von politischem, wertethischem Belang einigen Gewichts.

2.4. Medienpädagogische Schlußfolgerungen

Beziehen wir uns nun noch einmal explizit auf das medienpädagogische Arbeitsfeld und die Aufgaben der medienpädagogischen Disziplin zurück, lassen sich die Erörterungen in drei für das Konzept medienpädagogischen Handelns nicht unwichtige Ergebnisse zusammenfassen:

1. Der Modernisierungsprozeß reguliert sich nicht an den Utopien einer immer besseren Gesellschaft. Er produziert vielmehr eine Fülle von Widersprüchen, in die die Medien eingelagert sind. Sie sind nicht deren Verursacher oder alleinige Produzenten, nehmen aber teil an der widersprüchlichen Konstitution von ,Öffentlichkeit' und ,persönlichem Geschmack', der Spannung zwischen quasi lokalem Peer-Bezug und der Vorstellung einer Weltgesellschaft, die zum Überleben auf eine übergreifende Verantwortung und Solidarität angewiesen ist.

2. Die Widersprüche der Modernisierung werden in den *Subjekten* ausgetragen und verarbeitet, die damit nicht gesellschaftlichen Wirkfaktoren determinierend ausgeliefert sind, sondern selbst als Produzenten und Resultat gesellschaftlichen Wandels verstanden werden müssen. Es ist die *ästhetische Praxis*, die heute

Medien und ihre Nutzer zusammenschließt in der gemeinsamen Aufgabe, Weltverhältnisse so zu gestalten, daß sie lebbar und überlebbar werden.

3. Der Individualisierungsprozeß der Moderne hat eine *persönliche* und eine *gesellschaftliche* Komponente. Medienpädagogik kann sich damit nicht auf Erziehungsprozesse an Kindern und Jugendlichen beschränken oder auf Programme, die personale Lernprozesse in Kleingruppen allein betreffen. Sie ist vielmehr dazu aufgerufen, den *Diskurs der Gesellschaft* insgesamt mitzutragen und mit zu verantworten. Wenn dies so ist, kann sie sich von Medienpolitik ebensowenig scheiden, wie sie Daten, Fakten und gesellschaftsanalytische Argumente nicht übergehen darf. Wir hatten gesehen, daß auch die Subjektivierung der Moderne immer wieder rückführt auf die Frage, wie diese Subjektivierung gesellschaftlich ,erwirtschaftet' wird, und welche Folgen dies für den einzelnen, gesellschaftliche Gruppen und das Gesamtgefüge eines ,global village' (so McLuhan) hat. Die ,Kommunikationskultur' der Moderne geht nicht in pädagogischen Organisationen auf; dementsprechend ist Medienpädagogik eine institutionenübergreifende Disziplin, weil sie dazu beizutragen hat, um ihre Teilaufgaben zu lösen, auch immer darüber nachzudenken, welche gesellschaftliche Ordnung wünschenswert und ethisch verantwortbar bleibt. Sie muß sich damit in einen ,offenen Diskurs' hinein begeben, der mehr fordert als pädagogische Lehrsätze und ,praxisorientierte' Handlungsmaximen.

3. Medien im Kreuzfeuer von Kulturkritik und Pädagogik

Die Perspektive auf Medien bezogener pädagogischer Reflexion ist in der Regel und bisher recht eng und eingegrenzt gewesen: Die pädagogische Betrachtung wandte sich den Medien und den Medienprodukten zu sowie vermuteten „Wirkungen" vor allem auf Kinder und Jugendliche; sicherlich ist es dieser Begrenztheit zu verdanken, daß die Urteile meist sorgenvoll ausfallen, die Medien also betrachtet werden als Verderber der Jugend und Bedroher normalen Aufwachsens. Die Nähe des pädagogischen Raisonnements zu einer eher medienabwehrenden Kulturkritik ist daher Tradition und kennzeichnet ein immer wieder gestörtes Verhältnis.

Blicken wir in die neuere Geschichte und werfen einen Blick in das 18. Jahrhundert, das Zeitalter der Aufklärung und des ersten erfolgreichen programmatischen Aufbruchs in die Moderne, so wurde damals gewarnt vor den schlimmen Folgen einer „Lesesucht". Von dieser waren vor allem ‚Frauenzimmer' bedroht, die, statt sich um den Haushalt zu kümmern – so die Befürchtung – auf den Sofas liegend seichte Romane lasen. Damit schien die Bestimmung der Frau als Hausfrau und Mutter und für den Haushalt verantwortliche Hauptperson gefährdet. Der preußische Staat bemühte sich, pointieren wir den Sachverhalt, das ganze 19. Jahrhundert über, in Richtlinien sowie Verordnungen, den Lesestoff in den Schullehrplänen unter staatlicher Kontrolle zu halten. Schnell wurde entdeckt, daß das Lesen eine subversive Tätigkeit sein kann, weil die Informations- und Bildungsprozesse zwischen Text und Leser eine private Angelegenheit waren und sind und sich daher öffentlicher Aufmerksamkeit weitgehend entziehen. Dem Staat ging es damals um national-orientierte Gesinnungsbildung und eine vernünftige Einordnung in das Staatswesen; alle Texte, die dem nicht zu entsprechen scheinen, wurden kurzerhand verboten. Pädagogik, wandte sie sich den Medien zu, ist bis heute von einer solchen *Kontrollorientierung* bestimmt (vgl. Baacke 1994, S. 37ff.). Exemplarisch dafür kann Heinrich Wolgasts 1896 erschienene Schrift „Das Elend unserer Jugendliteratur" stehen. Wolgast wandte sich nicht nur gegen Trivialliteratur, sondern auch gegen moralisch-belehrende und patriotische sowie religiöse Werke. Damit protestierte Wolgast gegen die Gängelung durch den Wilhelminischen Staat. Aus diesem Grunde spricht er auch der speziell für Jugendliche geschriebenen Literatur ihre Berechtigung ab.

Auf diesem Gebiet vermutete er vor allem „Tendenzschriftsteller" und befürchtete, diese Art von Jugendbüchern würde den „ästhetischen Sinn verwässern und verwüsten". Um den literarischen Geschmack der Jugendlichen zu bilden, sollte ihnen stattdessen die Tradition deutscher klassischer Dichtung vermittelt werden. Bemerkenswert ist, daß Wolgast seine Gegner vor allem in kirchlich-katholischen Kreisen sowie in nationalen Verbänden fand. Als Sozialdemokrat wandte er sich gegen Verbote und Zensurmaßnahmen des Staates. Insofern ging es ihm um eine Emanzipation der jugendlichen Leser; den Maßstab, den er dafür im Kopf hatte, war jedoch der der literarischen Tradition mit ihren Ansprüchen. Insgesamt zeigt das Beispiel Wolgasts deutlich, daß Reflexionen von Pädagogen, in welcher Form sie sich auch entfalten, immer darauf aus sind, Medien und Medienprodukte für die Jugendlichen zu kontrollieren. Daß Wolgast so starke Beachtung fand, lag sicherlich in der Doppelfrontstellung gegenüber ideologisierter Literatur wie gegenüber trivialen Machwerken. Heute würde wohl niemand mehr die klassische Literatur als Heilmittel dagegen stellen.

3.1. Kulturkritik und McLuhan

Der Medienphilosoph der 50er und frühen 60er Jahre, Marshall McLuhan, schrieb 1964 in der Originalausgabe seines Buches „Die magischen Kanäle" (hier in deutscher Übersetzung der Ausgabe von 1968, S. 23): „Wir sind in unserem alphabetischen Milieu nicht besser auf eine Begegnung mit dem Radio oder Fernsehen vorbereitet, als der Eingeborene von Ghana fähig ist, mit dem Alphabetentum fertig zu werden, das ihn aus der Welt der Stammesgemeinschaft herausreißt und in der Absonderung des Einzelmenschen stranden läßt. Wir sind in unserer neuen elektrischen Welt befangen, wie der Eingeborene in unserer alphabetischen und mechanisierten Welt verstrickt ist."

Diese Feststellung hat einiges für sich. Besonders das Fernsehen ist ein Medium geworden, dessen Verbreitung, verbunden mit optischer *und* akustischer Präsenz und Überzeugungskraft unseren Alltag möglicherweise nicht nur *äußerlich*, in der Zeiteinteilung etwa, verändert hat. So ist die Heraufkunft und die ‚Herrschaft' der sogenannten Massenmedien immer wieder mit kritischen Kommentaren und abwehrenden Stellungnahmen begleitet worden. Man befürchtete die „Destruktion des Personalen" (so der Hamburger Theologe Thielicke). Die permanente und generelle Beeinflussung bei weitgehender persönlicher Anonymität zwischen Produzenten und Zuschauern läßt argwöhnen, daß es „zur Umformung des einzelnen, zur Gleichschaltung mit den übrigen Menschen und damit zur Masse durch Presse, Radio und Film" komme, (so der Erlanger Theologe Künneth). Auch Pädagogen sahen ihre ordentliche Schulzimmerwelt bedroht. Man versuchte ja dort, durch Nähe und unmittelbaren Umgang ein seelisches Bollwerk aufzurichten gegen eine modernisierte, hastige, oberflächli-

che Welt. Lange Zeit galt der Pädagogik die Erzieher-Zögling-Beziehung als die
eigentliche, die zählt. Der „pädagogische Bezug" (so Hermann Nohl, der als
erster einen Lehrstuhl für Philosophie und Pädagogik in den 20er Jahren an der
Universität Göttingen inne hatte) setzt voraus eine Kommunikation im herr-
schaftsfreien Raum des Schulzimmers, jenseits von Politik, Alltagstrivialitäten
und anderen nichtkontrollierbaren Einflüssen. Groß mußte die Verwirrung
gewesen sein, als sich die Medien nicht mehr vor der Klassentür halten ließen.
Ihre Botschaften wurden in den Erzählungen, Erinnerungen, in Interessenrich-
tungen und Kenntnissen der Kinder geradezu ‚eingeschleppt', wie ein Bazillus,
gegen den noch kein Mittel gefunden ist. Wenn es überhaupt eine ‚Medienpädagogik' gab, so sah sie ihre Aufgabe in erster Linie darin, vor der Außensteue-
rung der Medien zu bewahren, allenfalls ‚in den rechten Umgang mit den
Medien' einzuführen. Fatal mußte es daher für viele Pädagogen sein, als die
Medien nun auch noch als Instrumente des Lernens in die Klassen eingeschleust
wurden.

Auch die heute (immer weniger benutzten) Ausdrücke ‚*Massen*kommunikation' und ‚*Massen*medien' stehen pädagogischem Mißtrauen gegenüber.
‚Masse' stand gegen die Gemeinschaft, gegen strukturierte und traditionsgesät-
tigte soziale Gebilde. Entsprechend wurde die moderne mobile Industriegesell-
schaft als ‚Massengesellschaft' denunziert. ‚Masse' wurde verstanden als eine
anonyme, gleichgeschaltete Ansammlung von Menschen mit herabgesetzter
Kritik- und Urteilsfähigkeit unter Verstärkung unkontrollierter affektiver Komponenten in der Steuerung sozialen Verhaltens. Weiter wurde befürchtet der
Rückgang des persönlichen Verantwortungsbewußtseins und die Bereitschaft,
sich Suggestionen autoritärer Führer relativ widerstandslos zu unterwerfen. Die
Medien in der Massengesellschaft erscheinen damit nicht mehr als Instrumente
der Aufklärung und der Information, sondern einer schwer dirigierbaren Mani-
pulation (Baacke 1978, S. 46ff.).

Gegen solches, vor allem in den 50er und 60er Jahren weit verbreitetes
kulturkritisches Raisonnement, das in pädagogischen Kreisen teilweise bis heute
überlebt, traten zwar auch lebhafte Verfechter der Chancen, die mit Medien
verbunden sind, an. Dazu gehört der schon zitierte Marshall McLuhan. Er bejaht
die neuen Medien mit Überzeugung. Die kommunikative Technisierung unseres
Lebens wertet er positiv, und zwar mit folgendem Argument: „Niemand will ein
Auto, bevor es Autos gibt und niemand interessiert sich für das Fernsehen,
bevor es Fernsehprogramme gibt. Diese Macht der Technik, ihre Eigengesetz-
lichkeit der Nachfrage zu schaffen, ist nicht unabhängig von der Tatsache, daß
Techniken zuerst Ausweitungen unserer Körper und Sinne sind. Wenn wir
unseres Gesichtssinns beraubt werden, übernehmen die anderen Sinne zu einem
gewissen Grad das Sehen. Aber das Bedürfnis, die verfügbaren Sinne zu gebrau-
chen, ist so stark wie das Atmen – ein Umstand, der für das Verlangen, Radio
und Fernsehapparat dauernd eingeschaltet zu haben, eine sinnvolle Erklärung

gibt. Der Drang nach dauernder Verwendung ist ganz unabhängig vom ‚Inhalt‘ des öffentlichen Programms oder vom persönlichen Sinnesleben, was beweist, daß die Technik ein Teil unseres Körpers ist" (ebd., S. 79). – Technik wird als *Teil* des Menschen verstanden, als Chance der Verbesserung und Erweiterung sinnlicher Wahrnehmung. Sie kann den Menschen nicht bedrohen, weil sie ihm wie ein Organ zur Verfügung steht und ihm die Welt reicher, bunter, vielfältiger und anregender macht. Für McLuhan wird die aus Buchstaben und Sprache bezogene Alphabetisierung abgelöst durch ganz neue Weisen des In-der-Welt-seins. Gegenüber der Bedeutung dieses neuen Zustands verblaßt das Problem, welche *Inhalte* denn durch Medien überhaupt transportiert werden. Der vielzitierte Satz „the medium is the message/massage" mit seinem Wortspielcharakter ist in diesem Sinn zu verstehen. Das Medium ist die ‚Botschaft‘, und es ‚massiert‘ uns und unsere Sinne. Obwohl McLuhans Überlegungen, manchmal etwas abstrus vorgetragen, durchaus bedenkenswert sind, haben sie keinen Eingang in pädagogische Überlegungen gefunden.

3.2. Medienkritik als Gesellschaftskritik

Ganz anders wurden die Argumente der ‚Kritischen Theorie‘ der ‚Frankfurter Schule‘ (von Horkheimer über Adorno bis zu Marcuse u. a.) aufgegriffen. Diese, in der Blütezeit der Soziologie, also in den 60er Jahren weitverbreitete Medienkritik enthält durchaus bedenkenswerte Elemente und ist in ihren Grundzügen bis heute gegenwärtig. Adorno beginnt seinen „Prolog zum Fernsehen" mit folgenden Sätzen (1963, S. 69): „Die gesellschaftlichen, technischen, künstlerischen Aspekte des Fernsehens können nicht isoliert behandelt werden. Sie hängen in weitem Maß voneinander ab: die künstlerische Beschaffenheit etwa von der hemmenden Rücksicht auf die Publikumsmassen, über die sich hinwegzusetzen nur ohnmächtige Unschuld sich zutraut; die gesellschaftliche Wirkung von der technischen Struktur, auch von der Neuheit der Erfindung als solcher, die in Amerika sicherlich während der Anfangsphase den Ausschlag gab; aber auch von den offenen und versteckten Botschaften, welche die Fernsehproduktionen dem Betrachter übermitteln (...). Dem Ziel, die gesamte sinnliche Welt in einem alle Organe erreichenden Abbild noch einmal zu haben, dem traumlosen Traum, nähert man sich durchs Fernsehen und vermag zugleich ins Duplikat der Welt unauffällig einzuschmuggeln, was immer man der realen für zuträglich hält. Die Lücke, welche der Privatexistenz vor der Kulturindustrie noch geblieben war, solange diese die Dimension des Sichtbaren nicht allgegenwärtig beherrschte, wird verstopft. Wie man außerhalb der Arbeitszeit kaum mehr als einen Schritt tun kann, ohne über eine Kundgebung der Kulturindustrie zu stolpern, so sind deren Medien derart ineinandergepaßt, daß keine Besinnung mehr zwischen ihnen Atem schöpfen und dessen inne werden kann, daß ihre Welt nicht die Welt ist."

Adornos Kritik bezieht sich auf amerikanische Kommunikationssysteme, aber sie beansprucht grundsätzliche Gültigkeit. Die gesellschaftskritische Schule präzisiert den eher ungefähren Horror vor einer Massengesellschaft in folgenden Punkten:

1. Adorno geht davon aus, daß man über Massenkommunikation nicht reden kann, ohne über den Zustand einer Gesellschaft insgesamt zu sprechen (und umgekehrt).

2. Er wendet sich gegen den Mythos von der Autonomie der Aussage. Diese ist nicht von freien Journalisten verfaßt, sondern letztlich von kommerziellen Rücksichten abhängig, und damit kann auch der Redakteur nicht das sagen, was er vielleicht eigentlich will oder für richtig hält. (Um mit dieser Spannung zurechtzukommen, legt er sich, in späterer Diktion, eine „Schere im Kopf" zu!)

3. Neben den ‚offenen' gibt es ‚versteckte' Botschaften der Massenmedien, die vor allem ans Unbewußte appellieren und dort unkontrolliert um so größere Wirksamkeit entfalten (Werbung!).

4. Durch die Massenmedien wird Kultur ihrer Enthobenheit und Maßstäblichkeit entrissen; sie wird selbst zum Bestandteil des kapitalistischen Produktionsbetriebes, zur Massenfertigung, zu einem neuen Zweig der „Kulturindustrie".

5. Die Ausbreitung der Massenmedien hat dazu geführt, daß es individuelle Autonomie, ein Reservat für inkommensurable Persönlichkeit kaum noch gibt; die egalisierende Kulturindustrie ist vielmehr allgegenwärtig, indem sie alle beeinflußt und gleichschaltet.

6. Die Medien, so unterschiedlich sie sind (Radio, Fernsehen), erscheinen doch als ‚ineinandergepaßt', mit der Folge, daß man ihren Botschaften gar nicht mehr entrinnen kann – und es sind tendenziell die gleichen Botschaften und Inhalte, Variationen gibt es kaum.

7. Die Medien leisten gar nicht in erster Linie, was als ihre offizielle Aufgabe deklariert wird: Durch die Übermittlung von aktuellen Informationen Neues zu bringen und die Gesellschaft in Bewegung zu halten. Sie reproduzieren vielmehr Alltagswissen immer noch einmal, verdoppeln also einfach die Welt, deren Bestand dadurch überwältigend undurchdringlich wird. Wir sehen viele Bilder und bleiben doch blind gegenüber der Wahrheit.

Damit ist ein kritisches Niveau erreicht, das die gesellschaftliche Funktion von Medien zu erörtern erlaubt. Die Argumente reduzieren Medienwirkung nicht auf lerntheoretische Zusammenhänge, nehmen vielmehr die gesellschaftlichen Bedingungen mit in den Blick, die die beklagten Medienwirkungen hervorrufen. Zu diesen Bedingungen gehören beispielsweise der privatwirtschaftliche Charakter; der Ausschluß der Bevölkerung von der Mitwirkung an Medienprogrammen, die von bezahlten Fachleuten produziert werden; die Tendenz zur Bildung riesiger Medienkonzerne, in denen sich dann nicht nur ökonomische Kraft zusammenballt, sondern eine entsprechend gestiegene Macht, über Aussageninhalte und -formen zu befinden usf. Weiterhin macht Adorno darauf aufmerksam, daß

8. Medien nicht nur vordergründige Wirkungen haben, sondern auch solche, die durch Umfragen gar nicht ohne weiteres erfaßbar sind und

9. Medien nur oberflächlich betrachtet ihre Funktion erfüllen, die darin bestehen soll, die ‚Kommunikation der Gesellschaft‘ zu verbessern. Tatsächlich behindern sie durch ihre Allgegenwärtigkeit und enge Fügung eher die Bildung abweichender kritischer Meinungen.

Die Wendung von der „Kulturindustrie", die Adorno in die Diskussion einführte, wurde von seinem Schüler, dem Schriftsteller Hans Magnus Enzensberger, in den 60er Jahren aufgenommen. Dieser überschrieb einen vielzitierten Aufsatz „Bewußtseins-Industrie" (1964, S.7ff.). Während der Terminuns „*Kultur*-Industrie" den kapitalistisch organisierten *Produktions*zusammenhang hervorhebt, so der Terminus *Bewußtseins*-Industrie den Rezeptionszusammenhang. Enzensberger akzentuierte damals noch schärfer: „In seinem eigenen Bewußtsein dünkt ein jeder, und noch der unselbständigste Kopf, sich souverän. Seit dem von der Seele nun die Rede ist, wenn nach dem Beichtvater oder nach dem Psychoanalytiker gerufen wird, gilt es als letzte Zuflucht, die das Subjekt vor der katastrophalen Welt bei sich selber sucht und zu finden meint, so als wären es eine Zitadelle, die der alltäglichen Belagerung zu widerstehen vermöchte (...). Keine Illusion wird zäher verteidigt. So breit und tief wirkt Philosophie, auch auf ihre Verächter. Denn der Aberglaube, als könne der einzelne im eigenen Bewußtsein, wenn schon nirgends sonst, Herr im Hause bleiben, ist heruntergekommene Philosophie von Descartes bis Husserl, bürgerliche Philosophie zumal, Idealismus in Hausschuhen, reduziert aufs Augenmaß des Privaten." Die Bewußtseins-Industrie ist das Resultat des ökonomischen Prozesses der Industrialisierung. Diese schafft Grundlagen der Funk-, Film-, Phono- und Fernsehtechnik, die ‚Denk-Fabrik‘ in dem neuen Sinne sind, daß sie nach Art von Massengütern vorfabrizieren, was wir sehen und denken sollen. Aber, so ergänzt Enzensberger: „Jede Kritik der Bewußtseins-Industrie, die nur auf ihre kapitalistische Variante gemünzt ist, zielt zu kurz und verfehlt, was an ihr radikal neu und eigentümlich, was ihre eigentliche Leistung ist. Darüber entscheidet nicht oder nicht in erster Linie das gesellschaftliche System, das sich ihrer bediente; auch nicht, ob sie in staatlicher, öffentlicher oder privater Regie betrieben wird, sondern ihr gesellschaftlicher Auftrag. Er ist heute, mehr oder weniger ausschließlich, überall derselbe: die existierenden Herrschaftsverhältnisse, gleich welcher Art sie sind, zu verewigen. Sie soll Bewußtsein nur induzieren, um es auszubeuten" (ebd., S.13). Problematisch ist also nicht die materielle Verelendung, sondern die *im*materielle.

Überlegungen der besprochenen Art werden „ideologiekritisch" genannt. Sie gehen also von der Voraussetzung aus, daß offiziell in westlichen Demokratien deklarierte Werte wie Freiheit, Autonomie der Person, Möglichkeit der Beteiligung an politischen Entscheidungsprozessen usf. *tatsächlich* gar nicht eingelöst sind. Daß die Mehrheit dies nicht bemerkt, liegt daran, daß sie in einem vorder-

gründigen Sinn befriedigt ist und darum für Tatsachen hält, was praktisch nur
Schutzbehauptungen zur Erhaltung des Systems sind.

Solche ideologiekritischen Argumentationen finden heute, Mitte der 90er
Jahre, nur noch ein schwaches Echo, und sie sind häufig schon vergessen.
Dennoch überlebt die Figuration vieler Gedanken gerade auch bei Pädagogen,
die sich sonst der ,kritischen Theorie' keineswegs verschreiben wollen. Sie
fürchten um die Denkfreiheit ihrer Schülerinnen, beklagen die ,Veroberflächli-
chung' der privaten Programme, die Maschinenrationalität eines binär kodierten
Computers und sehen hierin die Gründe für Entpolitisierung, Gleichgültigkeit,
Gewalt etc. Das Problem besteht darin: so wichtig viele Hinweise sind, so diffus
werden sie doch aufgenommen und letztlich in eine Ursache-Folge-Richtung
geordnet, die den tatsächlichen Verhältnissen und ihrer Komplexität keineswegs
mehr entspricht.

3.3. Die falschen Verbündeten der Medienpädagogik

Bis heute spielen stark pädagogisch orientierte Schriften in der öffentlichen
Diskussion dann eine erhebliche Rolle und finden Beachtung, wenn sie von der
Medien-Abwehr beherrscht sind und nicht von (fachlich im engeren Sinn zustän-
digen) Medienpädagogen oder Kommunikationswissenschaftlern verfaßt sind.
Beispiele sind das Buch Mary Winns „Die Droge im Wohnzimmer" (Original:
„The Plug in Drug", 1977), im Rowohlt Verlag im gleichen Jahr auf deutsch
erschienen; Neil Postmans Bücher „Das Verschwinden der Kindheit" („The
Disappearance of Childhood", 1982, im Fischer Verlag 1982 auf deutsch er-
schienen); sein weiteres Buch „Wir amüsieren uns zu Tode" (Frankfurt 1985);
Hartmut von Hentigs „Das allmähliche Verschwinden der Wirklichkeit. Ein
Pädagoge ermutigt zum Nachdenken über die Neuen Medien", erschienen im
Hanser Verlag 1984.

Warum findet die kulturkritisch-grundsätzliche Medien-Abwehr, mit welchen
Argumenten sie sich auch umgibt, immer wieder eine so große öffentliche
Resonanz, die weit über den pädagogischen Raum hinausgeht? Offenbar liegt
Angst vor. Medien sind Träger symbolischer Botschaften, nicht eigentlich
,faßbar' und auch nicht unmittelbar zugänglich. Die pädagogischen Provinzen
lebensweltlicher Konkretheit werden überwölbt von Satelliten, durchzogen von
Netzen, deren Konstruktion und Zwecke sehr schwer verständlich sind. Dagegen
steht, daß pädagogische Interaktionen in der Regel personalbezogen sind, also
direkt ablaufen und die Resultate durch Beobachtung kontrollierbar bleiben.
Hinzu kommen Ohnmachtsgefühle gegenüber den ,Machern', denen also, die die
gesellschaftlichen Entscheidungen über die Gestaltung unserer Gesellschaft und
ihrer kulturellen Präsentationen, vor allem auch in den Medien, treffen. Schließlich kommen vielleicht auch Konkurrenzängste hinzu: Die Faszination der

Medien läßt den alltäglichen Unterricht blaß erscheinen; die neuen Lernmaschinen und die On-Line-Verbindungen im Internet drohen, die pädagogische Profession zu marginalisieren.

Ängste haben immer einen realen Hintergrund und sind nie völlig unbegründet, vielmehr wichtige Indikatoren. Aber sie haben häufig auch sehr unerfreuliche Nebenwirkungen.

Wie sich – im pädagogischen Diskurs weitverbreitete – Argumentationslinien entfalten und worin ihre Un-richtigkeit besteht, soll an einem beliebig herausgegriffenen, mit historischem Abstand zu lesenden Text gezeigt werden. Er zeigt Mißverständnisse, denen Medienpädagogik auch heute ausgesetzt ist, oft durch den falschen Gebrauch von Wissenschaft. Der Autor ist beliebig, das Verfahren geläufig. Das Exemplum sei ein Beitrag H.-D.Zimmermanns „Die neuen Medien und die neuen Analphabeten. Von der verheerenden Wirkung des Fernsehens auf die Kinder/große Begabungsreserven gehen verloren", erschienen am 15.8.1985 in der ‚Frankfurter Rundschau'. Hier spricht jemand als Medienpädagoge und für die Medienpädagogik, aber mit Argumenten und in einer Weise, die dieser Disziplin schaden. Sie wurde zu einer Art Unken-Ruf und Katastrophen-Disziplin. Einige typische Argumentationsweisen, wie sie auch in diesem Beitrag zutage treten, sollen kurz aufgelistet werden:

1. Häufig werden *Einzelfälle mit unbewiesener Kausalzuschreibung* herangezogen. Der Beitrag beginnt: „Nancy de Salvo, die Leiterin in der Kinderabteilung der öffentlichen Bibliothek von Farmington in den USA machte folgende Erfahrung: Lars liest sechs- und siebenjährigen Schulkindern ein Märchen vor, doch diese reagierten ganz ungewöhnlich – die einen stierten wie abwesend vor sich hin, die anderen wurden bald unruhig und begannen einander zu boxen oder zu kneifen; ruhig Zuhören konnte anscheinend keines mehr. Frau de Salvo, schon 16 Jahre Bibliothekarin, beobachtete den Wandel ihrer Zöglinge mit Sorge. ‚Früher war es so: Wenn ein Kind weinte, wurden die anderen traurig. Heute scheint sie nichts mehr zu bekümmern; sie werden zunehmend gleichgültiger und aggressiver.' Frau de Salvo fand auch die Ursache für diese Wandlung: ‚Es ist der Fernsehkonsum der Vorschulkinder, die in den USA die größte Gruppe der regelmäßigen Fernsehzuschauer stellen (...)" – Hier wird ein Einzelfall, eine mehr oder weniger zufällige Beobachtung, grundsätzlich und generalisierend gedeutet. Die Beobachtungen der Frau de Salvo sind, stimmen sie tatsächlich in der beschriebenen Art, hoch dramatisch und geben zu Besorgnis Anlaß. Wie freilich die Pädagogin die „Ursache für diese Wandlung" der Kinder herausfand, wird ebensowenig deutlich, wie wenigstens einen Moment lang überlegt wird, ob es tatsächlich *allein* der Fernsehkonsum ist, der das Verhalten der Kinder so auffällig beeinflußt. Daß die Einzelbeobachtung aus den USA stammt, ist ein weiteres Problem. Immer wieder passiert es, daß Forschungsergebnisse, aber auch Beobachtungen aus den USA oder anderen Ländern quasi linear und ohne mindeste Reflexion kultureller Unterschiedlichkeiten auf unsere Situation übertragen werden.

Sodann weist der Autor, einer Meldung der ‚Frankfurter Allgemeinen Zeitung' folgend, darauf hin, daß viele Schulkinder Haltungsschäden aufweisen, Sprechstörungen zeigen, und es wird auf seelische und intellektuelle Schäden hingewiesen, darüber hinaus auf körperliche Mißbildungen (Rückgratverkrümmung, Fußschäden, Sehschäden etc.). Die ohne Zweifel bedenklichen Befunde (übrigens jetzt aus Nordrhein-Westfalen) werden ganz schnell erklärt, diesmal mit Hilfe einer Äußerung des Gesundheitsministers des Landes: Natürlich ist das Fernsehen schuld. Die Warnung des Ministers vor stundenlangem Herumhocken vor dem Fernsehen, die dieser als *eine* Ursache für körperliche Schwächen möglicherweise genannt hat, wird jetzt hypostasiert zu einer *allgemeinen* Ursache aller Erziehungsschwierigkeiten, gesundheitlichen Beeinträchtigungen von Kindern, kurz: aller sozialen und medizinischen Probleme. Nicht in einem Nebensatz wird erwähnt, daß möglicherweise auch die Enge der Sozialwohnungen, die Verbauung aller Spielmöglichkeiten in den Metropolen, der gestiegene Autoverkehr, die Art und Weise, wie wir unser Leben insgesamt gestalten, Ursachen für körperliche Haltungsschäden sein könnten. Der Sündenbock ist schnell zur Hand: das Fernsehen.

2. Dann wird eine *Fülle falscher Aussagen* versammelt. Der Autor betont etwa mehrfach, daß Kinder vor dem Fernseher leider „vollkommen passiv" seien. Er hat keine Ahnung vom ‚Nutzenansatz', der längst gezeigt hat, daß gerade auch beim Fernsehen (wie bei aller Mediennutzung, vergleichbar allen Formen sozialer Kontakte) starke psychische Energien freigesetzt, gebunden, projiziert, umgelenkt werden. Und: vor allem Vorschulkinder sitzen beim Fernsehen selten still, sind also auch körperlich nicht passiv.

3. Eine weitere falsche Methode ist die Schaffung *einseitiger Kausalketten*. So befürchtet der Autor (die Befürchtung ist ernst zu nehmen, nicht aber ihre Analyse!), daß die Bildungsschranken wieder höher werden könnten, natürlich durchs Fernsehen, denn: „Nach einer Untersuchung in der Bundesrepublik sind 38 % der Kinder der Unterschicht, 29 % der Kinder der Mittelschicht, aber nur 12 % der Kinder der Oberschicht gewohnheitsmäßige Fernseher." Daraus folgt die Maxime: „Schafft das Fernsehen ab!" Freilich liegt, auch nach der Argumentation, eine andere Schlußfolgerung näher: „Schafft nicht das Fernsehen ab, sondern die sozialen Schichten, die sich des Fernsehens unterschiedlich bedienen!" Hier zeigt sich deutlich die Verschiebung einer Teil-Ursache zur letzthinnigen Ursache!

Warum handelt es sich bei solchen Texten und im Rahmen solcher Annahmen um falsche Verbündete der Medienpädagogik:

1. Die Basis dieser Darstellungen ist ein apokalyptisches Weltbild mit eindeutiger Polarität. Die ‚bösen' Medien zerstören die ‚guten' Entwicklungschancen und Absichten von Menschen. Medien sind die neuen Gewalttäter unserer Gesellschaft.

2. Damit werden wesentliche Problemzusammenhänge an den Rand gedrängt oder unterschlagen. Daß Arbeitslosigkeit, die Probleme des technologischen

Wachstums insgesamt Schwierigkeiten bereiten, wird nicht diskutiert. Damit wird der Blick verkürzt. In dem ein ‚Sündenbock' zur Stelle ist, bedarf es keiner weiteren Analysen, und vor allem: keiner weiteren gesellschaftlichen oder pädagogischen Interventionen. Die Lösung ist ja auch so einfach und handhabbar: Das Fernsehen abschaffen oder zumindest den Fernsehkonsum radikal einschränken!

3. Die vorgeschlagenen Lösungen suggerieren möglicherweise auch falsche Jugendschutzmaßnahmen. An die Stelle von *Prävention* (aufgrund differenzierter Analyse mit differenzierten Maßnahmen) treten generelle Verbote und Restriktionen. Aber: freie Kommunikation, soziale Fortentwicklung und gesellschaftlicher Wandel sind konstitutive Elemente einer freiheitlich-demokratischen Ordnung. Eine allgemeine Kommunikationsüberwachung würde dem widersprechen.

3.4. Ein medienpädagogisches Fazit

Das pädagogische Bündnis mit Kulturkritik macht deutlich, daß *Medienpädagogik* weder professionell noch mit ihren Vorschlägen und Lösungen ‚etabliert' ist. Die öffentliche Aufgeregtheit um Medienfragen, die außerordentlich ist, obwohl sie dann schnell versandet (vgl. die Diskussionen um die Gefährlichkeit des Videokonsums!) wird oft weder durch kommunikationswissenschaftliche Einsichten gedeckt, noch ist sie medienpädagogisch nützlich. Fachlich versierte Medienpädagogen wissen natürlich, daß Medien nur in Kontexten wirken und nicht isolierte Verursachungsfaktoren von problematischen Weltzuständen sind. Inzwischen gibt es in Deutschland eine fachlich zuständige und auch verantwortliche Medienpädagogik, die Medien weder glorifiziert noch verteufelt. Daten, Fakten und Analysen müssen vielmehr in einen reflexiven Zusammenhang gestellt werden, der dann zu praktikablen Lösungen führt, die in mehr bestehen als dem Vorschlag, das Fernsehen von Kindern und Jugendlichen dauernd zu kontrollieren oder gar einschränken zu müssen. Davon abgesehen, daß gerade Jugendliche relativ niedrige Fernsehzeiten aufweisen, weil sie Erlebnisfelder außerhalb der Familie aufsuchen, also dann die alten Menschen zum eigentlichen ,Medienproblem' werden müßten, ist, produktiv gewendet, mit McLuhan die in die Zukunft weisende Frage aufzugreifen, inwieweit vielleicht neue Formen der Alphabetisierung im Informationszeitalter notwendig sind, die auch andere Symbolsysteme (außer Sprache, Sprechen und Schrift) in den Lern-, Erfahrungs- und Nutzungshorizont heute lebender Menschen bringen müssen.

4. Medienpädagogik zwischen Erziehung, Sozialisation und Handlungskonzepten

Kennzeichnend für die menschliche Spezies ist, daß es nicht ausreicht, nur körperlich ausgewachsen zu sein, um ein erwachsener und selbständiger Mensch sein zu können. Der Erwerb von Kenntnissen, Fertigkeiten und Fähigkeiten vollzieht sich in einem langdauernden Zivilisierungsprozeß, dem wir heute ,Sozialisation' oder ,Erziehung' nennen. Beide Begriffe sind nicht identisch. ,Sozialisation' meint Vorgänge, in denen es durch direkte oder indirekte Interaktion zur Entwicklung relativ stabiler Verhaltensdispositionen kommt (dazu gehören etwa: Kenntnisse, Fertigkeiten, Einstellungen, Wertorientierungen). ,Erziehung' grenzt dagegen aus „die bewußt auf stabile Beeinflussung von Personen gerichteten Handlungen", in denen „es also zu einer geplanten Abfolge spezifischer Handlungsschritte kommt, die das Ziel haben, in Personen bestimmte Verhaltensdispositionen zu entwickeln bzw. vorhandene zu verändern". (Kob 1976, S. 9) In diesem Sinne ist Erziehung ein Unterbegriff von Sozialisation.

Das Verhältnis von ,Erziehung' und ,Sozialisation' ist freilich komplexer, als es auf den ersten Blick zu sein scheint. Probleme von ,Erziehung' sind beispielsweise, daß die Absichten des Erziehenden durch die Absichten des Zöglings durchkreuzt werden können. Erziehung ist darauf aus, die erzieherischen Ziele in einem aktiven Aneignungsprozeß in den Zögling zu verlagern, bis er sich mit ihnen identifiziert. Wie wir aus dem Alltag wissen, findet dies nicht regelmäßig statt. Hinzu kommt auch die Frage, ob nur Intentionen, die bestimmte ethische Qualitätsstandards erfüllen, als ,Erziehung' bezeichnet werden dürfen. Bejaht man diese Frage nach bestimmten Qualitätsstandards, kann man zum Beispiel die Erziehung zum Hitlerjungen oder Gewalttäter als Nicht-Erziehung bezeichnen. Schließlich ist ,Erziehung' durch die Paradoxie belastet, daß man beim Zögling einerseits moralische Autonomie bereits voraussetzt (sonst könnte Erziehung gar nicht ansetzen), andererseits sie aber auch erst als Erziehungsaufgabe im Entstehen begriffen ist (sonst wäre Erziehung überflüssig). Hinzu kommt schließlich, daß Erziehung keineswegs eine perfekte Technik darstellt, die durch intentionale Akte das Verhalten und die Ansichten und Handlungen eines Zöglings vollkommen bestimmen könnte. Vielmehr gewinnt dessen moralische Orientierung auch Handlungswissen aus dem täglichen Umgang mit Eltern, Geschwistern, Gleichaltrigen, Medien und anderen, die

keineswegs immer ‚pädagogisch' agieren. Wir sprechen daher von ‚funktionaler'
Erziehung und meinen damit Erziehungsvorgänge, die nicht in ‚planmäßiger'
Erziehung aufgehen, sondern diese umgeben und allenthalben stattfinden. In
dieser Betrachtungsweise ist schließlich auch jeder Erzieher nur ein ‚Sozialisati-
onsagent', der sich von anderen (z. B. den Medien) nur dadurch unterscheidet,
daß er ein professionelles Handlungswissen besitzt, das er im Umgang mit den
zu erziehenden Personen einsetzt in der Hoffnung, daß dieses Handlungswissen
so gut ist und ausreicht, daß die zu Erziehenden genau jene Ziele erreichen, die
angestrebt werden.

Damit wird deutlich, daß zwar ‚Sozialisation' und ‚funktionale' Erziehung,
aber nicht Erziehung als planmäßiger, vom Pädagogen verantworteter Akt
ineinander aufgehen. Denn „Sozialisationstheorie kann nur Ursachen zur Erklärung von Verhaltensänderungen und Kompetenzerwerb zulassen und schließt
Gründe aus; Erziehungstheorie muß Verhaltensänderungen des Zöglings als
Folge seines ‚Fürwahr-Haltens' aufgrund der Überzeugungskraft von Argumenten und als autonome moralische Leistung begreifen; das schließt Verursachung
durch soziale Determinanten aus" (Vogel 1996, S. 486). Damit entstammen
‚Erziehung' und ‚Sozialisation' als Denkmodelle unterschiedlichen Erkenntnis-
sphären, die nicht in Konkurrenz zueinander stehen.

Ein Beispiel nach dem Argumentationsmuster Vogels (ebd. S. 487): Eine
Mutter (nebenbei professionelle Pädagogin) führt mit ihrer halbwüchsigen
Tochter, weil sie diese und den jüngeren Sohn zwei Abende ohne Begleitung
und Aufsicht lassen muß, ein Gespräch über ein vernünftiges Fernsehverhalten.
Action- und Horrorfilme sind noch nichts für den kleinen Vorschul-Bruder, zwei
Filme sollten nicht hintereinander gesehen werden, der Fernsehapparat sollte
spätestens um 22 Uhr ausgeschaltet sein, damit die Kinder am nächsten Morgen
nicht müde sind usf. Der Gesprächsverlauf ist insgesamt erfreulich; die Mutter
hat den Eindruck, daß die Tochter nicht unvernünftig ist und die abgesproche-
nen ‚Fernsehverhaltensregeln' wohl befolgen wird. Aus der Perspektive der
handelnden Mutter war dies eine gelungene erzieherische Intervention (eine
letzte Sicherheit über die erziehliche ‚Wirkung' kann sie allerdings nicht haben,
denn selbst wenn sich die Tochter in verabredeter Weise verhält, kann die
Mutter nicht wissen, ob ihr Motiv die Einsicht in die mütterlichen Argumente
oder der Wunsch nach Vermeidung von Ärger im Falle des Bekanntwerdens von
Regelübertretungen ist). Die Mutter hat über das richtige medienpädagogische
Verhalten (ein Gespräch mit der Tochter) lange nachgedacht und könnte ihr
Handeln – sowohl in Hinsicht auf ihre Absichten als auch auf die eingeschlage-
ne Methode – gegenüber Dritten pädagogisch rechtfertigen. Es handelt sich um
einen eindeutig erzieherischen Akt, der nichtsdestotrotz aus der *Beobachtungs*-
perspektive ein typischer Fall von Sozialisation ist: es handelt sich um die
Bemühung der Mutter, bestimmte gesellschaftliche Normen mit den milieu-
spezifischen Sozialisationspraktiken zu vermitteln. Der Beobachter würde

wissen, daß das angebotene Verhaltensmuster der Mutter konkurriert mit anderen Verhaltens- und Sinnangeboten und, daß das Verhalten der Tochter schließlich das Ergebnis eines komplexen Bündels unterschiedlicher Determinanten ist.
Auch die guten Argumente der Mutter könnten aus der Beobachtungsperspektive
gewürdigt werden als Teil eines sozialen Habitus, der dem von zahlreichen
sozialen Faktoren geprägten sozialen Milieu der Familie entspricht. Was aus
einer analytischen Beobachterdistanz als ‚Sozialisation‘ bezeichnet werden kann,
ist also zugleich, als pädagogischer Akt und im Rahmen moralisch-zielgerichteter Handlungen des Pädagogen/der Pädagogin, ein Akt der ‚Erziehung‘.
    Gerade Medien machen solche Überlegungen notwendig. Denn erzieherische
Akte mit verantwortbaren Absichten können zwar auf die Medien *hin* erfolgen,
aber die Medien, sofern sie sich nicht als Lern- oder Bildungsprogramme
auffassen, sind eben keine *pädagogischen* Einrichtungen, so daß erziehlich
erwünschte Resultate durch sie selbst nicht intendiert oder gar bewirkt werden
können. Dies bedeutet auch, daß ‚Sozialisation‘ im medienpädagogischen
Kontext eine größere Bedeutung erhält als meinetwegen im Kontext von Familie
oder Schule.

4.1. Sozialisation und Medien

‚Sozialisation‘ meint anderes als ‚Erziehung‘, so hatten wir gesehen: Es handelt
sich um einen analytischen ‚Beobachterstandpunkt‘, und es werden nicht nur
intentionale Akte am Zögling, sondern auch dessen Konventionserwerb und
Kompetenzausübung über Institutionen, lebensweltliche Erfahrungen und andere
gesellschaftliche Agenturen mitgestaltet. Gerade Medien spielen in diesem
Zusammenhang als zu Elternhaus, Schule und beruflicher Ausbildung sowie
Freizeitorientierung über Peers hinzukommende Sozialisationsinstanzen eine
zunehmend wichtige Rolle. Unter dem *sozialisationstheoretischen* Fragehorizont
läßt sich die Wirkungsfrage von Medien ebenso neu fassen, wie die lebensbegleitende, aber auch lebenseingreifende Funktion von Medien – die dennoch
keine erzieherische ist – deutlich werden kann.
    In letzter Zeit sind im Zusammenhang der Diskussion von Medienkultur und
Bildungsprozessen strukturtheoretische Argumente hinzugekommen. Pierre
Bourdieu wird seit den späten 80er Jahren auch in Deutschland lebhaft rezipiert,
weil er immer wieder auf den *sozialisationsbedingten Charakter kultureller Bedürfnisse* hinweist. In seinem Buch „Die feinen Unterschiede. Kritik der gesellschaftlichen Urteilskraft“ (1982) (zum folgenden: S. 17ff.) formuliert er eingangs
die These: „Nicht nur jede kulturelle Praxis (der Besuch von Museen, Ausstellungen, Konzerten, die Lektüre usw.), auch die Präferenz für eine bestimmte Literatur, ein bestimmtes Theater, eine bestimmte Musik erweisen ihren engen Zusammenhang primär mit dem Ausbildungsgrad, sekundär mit der sozialen Herkunft.“

Damit führt Bourdieu ein *bildungs*theoretisches Argument in die Diskussion ein: Die familiale, aber vor allem auch die schulische Erziehung vermitteln die Anerkennung bestimmter kultureller Praxen. Dieses formale Argumentationsgerüst füllt Bourdieu dann aus, indem er weiter postuliert: „Der gesellschaftlich anerkannten Hierarchie der Künste und innerhalb derselben der Gattungen, Schulen und Epochen korrespondiert die gesellschaftliche Hierarchie der Kosumenten." Bourdieus Behauptung ist, daß es nicht nur ökonomisch bedingte Klassendifferenzen gibt, sondern damit zusammenhängend auch eine unterschiedliche Ausstattung mit „Bildungskapital", die zu unterschiedlichen kulturellen Interessen und Aspirationsniveaus führt. Es gibt die Oberschicht als „kulturellen Adel". Dies sind Menschen, die den anerkannt „angemessenen" Code besitzen und die besonderen *formalen* Eigenschaften von Kunstprodukten unterscheiden können. Bourdieu macht dies im Bereich der Bildenden Kunst deutlich am „reinen Blick". Seine Überlegungen, die in Hinsicht auf audiovisuelle Medien besonders interessant sind, führt er ein mit dem Satz: „Das ,Auge' ist ein durch Erziehung reproduziertes Produkt der Geschichte." Denn nur, wer den „reinen Blick" erworben hat, ist in der Lage, den *Kunstcharakter* eines Kunstwerks angemessen zu rezipieren, eine künstlerische Tradition zu verstehen und damit den gehobenen Ansprüchen ästhetischer Wahrnehmung gerecht zu werden. Ganz anders der „populäre Geschmack" der kulturellen Unterschicht, der naiv verhaftet bleibt ans Gegebene. Während der „reine Blick" eine freigewählte Distanz zu den Nöten und Zwängen der natürlichen wie sozialen Umwelt ermöglicht, ist der populäre Geschmack gebunden an elementare ökonomische Zwänge und Notwendigkeiten.

Insgesamt unterscheidet Bourdieu drei ästhetische Geschmackslevels, die in etwa mit der üblichen Dreiteilung der gesellschaftlichen Ober-, Mittel- und Unterschicht parallel zu setzen wären. Die höchste Stufe ist die des „legitimen Geschmacks". Er repräsentiert sich durch Bevorzugung von „Das wohltemperierte Klavier" und „Die Kunst der Fuge" Bachs. Im Rahmen der Malerei werden Breughel und Goya bevorzugt; Film, Jazz und sogar Chansons (wenn alle drei anspruchsvoll sind) werden gerade noch zugelassen. Der „mittlere Geschmack" bevorzugt eher die „Rhapsody in Blue" Gerswhins, die „Ungarische Rhapsody", in der Malerei Werke Utrillos oder Renoirs. Im Chansonbereich paßt Gilbert Becaud zu dieser Gruppe. (Die französischen Beispiele erklären sich daraus, daß Bourdieu seine Untersuchungen in seinem Heimatland durchgeführt hat.) Es handelt sich hier durchweg um ästhetische Levels, die einmal einen höheren Standard hatten, inzwischen aber eher als abgesunkenes Kulturgut zu klassifizieren sind. Schließlich der „populäre" Geschmack: Präferiert wird Musik die „Schöne blaue Donau" von Johann Strauß, die eingängige Verdi-Oper „La Traviata" in der populärsten Darbietungsform und Schlager fern jedes anspruchsvollen Geschmacks (Beispiel: Petula Clark).

Bourdieu postuliert sich nur, er zeigt in einer umständlichen (auch in manchen Punkten methodisch zu kritisierenden, dennoch erhellenden) Untersuchung

den Zusammenhang zwischen Schulbidlung, Familienherkunft und Geschmacks-
vorlieben. Es sind oft der Erfolg oder Mißerfolg im Bildungssystem und die
daraus resultierenden Einschätzungen der eigenen Bildungskarriere, die kulturelle Interessen von Menschen stark beeinflussen. So korrespondiert geringer
Schulerfolg mit einer stärkeren Orientierung an Gleichaltrigen und einem
stärkeren Interesse an Pop- und Rock-Musik. Anders bei schulorientierten
Jugendlichen, die damit in diesem System auch erfolgreicher sind. Für sie spielt
Fernsehen deswegen eine geringe Rolle, weil dies ihre Aufmerksamkeit von der
Schule sowie außerschulischen Vereins-Aktivitäten abzieht, denen ihr Haupt-
interesse gilt, nicht zuletzt, weil die Schule ihnen den von ihnen geschätzten
Status verleiht. Für die weniger erfolgreichen Jugendlichen hingegen ist Fernsehen eine konventionelle, familienorientierte Erwachsenen-Aktivität, von der sie
sich absondern, indem sie das Peergroup-Milieu subkultureller oder manieristi-
scher Färbung bevorzugen. Auch für sie spielen audiovisuelle Medien also nur
eine eingeschränkte Rolle. Fernsehen als „normale" Durchschnittsaktivität
verleiht in der Jugendkultur ebensowenig wie in der Schule Status oder Identität.
Die Zuwendung zum schulischen Lernen oder aber zu Jugendkulturen (und den
entsprechenden Programmen in den Medien, die sie begleiten, vom Radio bis
zum Film), ist insofern zu verstehen als ein Akt der *Selbstsozialisation* von
Jugendlichen.

Die Darstellung Bourdieus wollen wir in wenigen Punkten ergänzen (vgl.
Kapitel 2). Wichtig ist sein Hinweis, daß „Bildungskapital" über Lebenspläne
und Lebenserfolg entscheidet und es nicht allein die materiellen Verhältnisse
und traditionellen Herkünfte sind, die determinieren. Wir hatten in der Beschreibung der Erlebnisgesellschaft jedoch gesehen, daß diese Tendenz sich insofern
verstärkt und radikalisiert, als die von Bourdieu noch angezielte Dreiteilung in
eine Ober-, Mittel- und Unterschicht kultureller Identitäten so trennscharf nicht
mehr nachzuvollziehen ist. Das „Integrationsmilieu" mag Jazz, Rock, Pop,
Diskotheken und Kinos, Nachtclubs und Kneipen ebenso gern wie eine anspruchsvolle Presse oder moderne E-Musik oder die neue Kulturszene. Oder das
neue „Selbstverwirklichungsmilieu" mit meist gehobener Bildungsausstattung:
Volksmusik und Heimatfilme wie deutscher Schlager und Blasmusik werden
wenig geschätzt, wohl aber Kneipen, Diskotheken, Fernsehen (Politik, Zeitge-
schichte), Musikhören und jede Form von Abwechslung aller Kulturszenen,
wenn sie nur Neues versprechen. Das ebenfalls relativ neue „Unterhaltungsmilieu" mischt ebenfalls unterschiedliche Kulturpräferenzen, distanziert sich
freilich weitgehend von der Politik, klassischen Kulturangeboten wie Oper oder
Theater, sogenannter gehobener Literatur usf.

Die Individualisierung der Geschmackspräferenzen hat also seit Bourdieus
Untersuchung zugenommen, und ein Ende ist derzeit nicht in Sicht. Sollte das
digitale Fernsehen mit hunderten von Spartenprogrammen für alle Themenbereiche und Geschmacksebenen aufwarten, wird diese Differenzierung (und zeitliche

Nichtfestlegung) vermutlich eher verstärkt werden. Dies bedeutet auch, daß die *Selbstsozialisation* nicht nur in Gruppen stattfindet, sondern daß jeder einzelne hier seinen Beitrag für sich selbst leisten kann.

Verlassen wir diese analytische Ebene, können wir, pädagogisch gesehen und gesprochen, natürlich auch von ‚Selbsterziehung' sprechen in dem Sinne, daß Gruppen von Kindern und Jugendlichen oder auch einzelne Kinder und Jugendliche nicht nur den Einflüssen real existierender Erziehungsagenturen wie Familie und Schule unterworfen sind, sondern auch selbst Zielkonzepte inhaltlicher, ästhetischer, moralischer Art für *sich selbst* oder das von ihnen derzeit gewählte Milieu entwerfen. Damit ist das Erzieher-Zögling-Modell nicht außer Kraft gesetzt, sowie die Tatsache, daß Erziehungsprozesse auch Institutionen brauchen, in denen absichtsvoll erzieherisch – unter öffentlicher Aufsicht und Kontrolle – gehandelt wird. Gerade in einer demokratisch-modernen Gesellschaft jedoch gibt es starke Tendenzen, daß jene Elemente ‚funktionaler' Erziehung verstärkt werden, die wir aus einem intentional gerichteten Erziehungsvorgang gerade heraushalten wollen. Kein Zweifel, daß die Medien hier einen entscheidenden Beitrag leisten, denn sie sind es, die heute von früher Kindheit an eine Fülle von Lern-Materialien in allen Formen von audialen, visuellen und audiovisuellen Codierungen zusammentragen und anbieten, die an die Verarbeitungskapazität Heranwachsender erhebliche Ansprüche stellen, ohne daß dies immer vollständig ‚erzieherisch' geregelt werden kann.

4.2. Das Pädagogische der Medienpädagogik

Dem eben entfalteten komplexen Sachverhalt schuldet sich die Tatsache, daß es die „Medienpädagogik" zwar als Teil-Disziplin der Pädagogik gibt; aber ihre Situierung ist nicht einfach. So merkt der Erziehungswissenschaftler Rainald Merkert immer wieder, zuletzt und ausführlich in seinem Buch „Medien und Erziehung" (1992) gleich einleitend an, es gebe zwar die Medienpädagogik, aber „unter ihren Vertretern sind die Pädagogen eine Minderheit. Tatsächlich fehlt bis heute eine *pädagogisch* konzipierte Medienpädagogik. Sofern sie sich als Theorie versteht, ist sie selten mehr als ein Konglomerat von Theorien und Forschungsergebnissen anderer Wissenschaften, die sich mit Medien befassen" (S. 2). Dies gelte auch für die Schulen, in denen Lehrplanvorgaben weniger durch medienpädagogische Rezepte gekennzeichnet seien als durch fachdidaktische Rahmenbedingungen (die weder durch Medien noch durch Pädagogik primär bestimmt sind). Darum fordert Merkert, daß Medienpädagogik „immer auf den pädagogischen Gesamtzusammenhang bezogen werden muß und nur von ihm her adäquat und damit auch erfolgversprechend konzipiert und praktiziert werden kann". Zu fragen sei „was es für Erziehung und Bildung bedeutet, daß das Grundverhältnis von Mensch und Welt sich unter dem Einfluß der

Medien verändert". Merkert selber wählt als Lösung einen pädagogisch-an-
·thropologischen Ansatz (S. 56ff.), der sich seinerseits an „drei Pole des pädagogischen Dreiecks" anschließt: 1. Curriculumtheorie, Schule und Unterricht:
welche Anforderungen sollen in welchem Alter an das Kind gestellt werden?
(Sachdimension). Hierhin gehören auch Fragen wie: Sollen schon Vorschulkinder Lesen lernen; dürfen sie schon Fernsehen; welche Sendungen sind
Kindern zugänglich zu machen, und in welcher Menge etc. 2. Die Perspektive
des Erziehenden beachtet die Tätigkeiten und Anforderungen an einen Berufs-
stand, der die eben genannten Sachdimensionen (zu denen auch moralische
Wertungen und Entscheidungen gehören) vermittelt mit der dritten Perspektive:
Man kann nämlich schließlich 3. auch Erziehung aus der Sicht des Kindes
betreiben und theoretisch zu fassen versuchen, also den Ausgangspunkt nehmen
von seinen Bedürfnissen und seinen Entwicklungschancen. Um diesen drei Rich-
tungen gerecht zu werden, müssen Philosophie und Empirie eine Einheit werden: Wir können nicht auf Erfahrungswissen verzichten und dessen empirische
Erhebung, bedürfen aber auch der Kategorien und theoretischer Voraussetzungen, die in einem bestimmten *Menschenbild* gründen. Dies Menschenbild könnte
dann, in der Folge der Aufklärung, als die Bestimmung zu autonomem, aber
sozial gebundenem Handeln gesehen werden.

Ähnlich argumentiert Heinz Moser in seiner „Einführung in die Medienpädagogik" (1995). Er möchte die medienpädagogische Debatte „aus ihrem
Ghetto als spezielle Disziplin der Erziehungswissenschaft" lösen und stellt als
Leitthese auf (S. 25): „Weil jeder Mensch von Geburt an in eine Informations-
und Mediengesellschaft hineinwächst, wo sich die Sphären des Medialen und
des Nicht-medialen immer stärker gegenseitig durchdringen, sind Erziehungs-
und Sozialisationsprozesse immer weniger ohne Bezug auf medial vermitteltes
Verhalten zu denken. Die Medienpädagogik kann deshalb nicht eine Sonder-
disziplin bleiben, sondern muß zum konstituierenden Teil der allgemeinen
Pädagogik werden. Wer überlegt, wie Menschen aufwachsen und wie sie dabei
lernen, kommt um den Einfluß der Medien nicht herum. Kindheit, Jugend und
Erwachsenenalter sind als Lebensphasen ohne Einbezug der Reflexion auf die
Medien kaum noch zu beschreiben."

Diesen Überlegungen muß nicht widersprochen werden, aber sie sind zu
ungenau, wie die Analyse des Verhältnisses von ‚Sozialisation' und ‚Erziehung'
ergeben hat. Es ist kein Zweifel, daß Medienpädagogik ohne ein Menschenbild
nicht auskommt, und es ist selbstverständlich, daß es ein „Dreieck" gibt (wenn
man dieses Bild benutzen möchte) zwischen Sachanforderungen und heute gestellten Entwicklungsaufgaben einerseits, Erziehungspersonen und zu erziehenden
Personen andererseits. Aber: Die Gefahr der vorschnellen ‚Personalisierung' wird
deutlich. Denn Erziehungshandeln auch traditioneller Art war schon in institutionelle Vorgaben, historische Tradierungen und staatliche Kontrollen eingelagert,
so daß auch in ‚Erziehung' immer mehr eingeht als ein personales Verhältnis.

Das Konzept ‚Sozialisation' erschließt diesen umgreifenden Rahmen, der freilich selbst keine Erziehungsziele aus sich entläßt, wennzwar er welche setzt (beispielsweise die Schulaufsichtsbehörde, die neue Curricula mit Stärkung der Medienpädagogik – was zu wünschen wäre – erläßt). Gerade Medienpädagogik fordert also die Pädagogik als Disziplin auf, bestimmte ‚Selbstverständlichkeiten', zumindest im analytischen Diskurs (der aber Folgen für die Praxis haben könnte), kritisch zu bedenken: nämlich die pädagogisch zwar begleitbaren, aber nicht vollständig planbaren, gleichzeitig aber ins Pädagogische (als Lebensdimension, nicht nur als institutionelle Ordnung) hineinwirkenden Symbolemissionen der Medien als den Erziehungsbereich heute *mitkonstituierende* und damit *verändernde* Faktoren zu begreifen. Die Grenzen der *pädagogischen Institutionalisierung* werden deutlich, wennzwar auf sie keineswegs Verzicht geleistet werden darf.

Virilio (1989) hat eine Philosophie der Geschwindigkeit entwickelt, die heute die Realzeit überholt. Der Golf-Krieg wurde zeitgleich übertragen, aber auf der Bilderebene dynamisch zusammengeballt und so intensiviert, damit aber auch beschleunigt; Cyberspace kann inzwischen Räume imaginieren, die wir gegenwärtig noch gar nicht betreten können. Immer schwieriger wird eine „Betrachtung" von Gezeigtem (oder auch als Denkmaterial Angebotenem) mit Abstand. Im Mediensektor wird dies besonders deutlich. Wenn zur Modernität sozialer Wandel gehört, so ist die Beschleunigung des technologischen Wandels auf dem Kommunikationssektor noch schneller. In immer kürzeren Abständen folgten Print und Presse, Film und Kino, Radio und Fernsehen, die Verbreitungskanäle terrestrischer Frequenzen, die Satelliteneinstrahlung, die Netzverzweigung, Computer Off-Line und On-Line mit immer neuen Rezeptions- und Informationskonstellationen aufeinander. Eine vorausplanende Erziehung ist häufig gar nicht möglich, allerfalls ein ‚Nachbessern'. Dies wird auch in der Regel von der Medienpädagogik verlangt. Beispiele: Die Privatisierung bewegter Bilder über Videocassetten führte zu der bangen Frage, ob Jugendliche hier nicht durch Horrorvideos, Gewaltszenen und Pornographie gefährdet würden – Medienpädagogik und Jugendschutz waren aufgerufen, hier Abhilfe zu schaffen. Keiner redet mehr davon. Auch der Walkman wurde als Gefährdung angesehen, weil Jugendliche, die ihn zunächst bevorzugten, sich sozial abzukapseln schienen. Ähnliche Befürchtungen begleiteten das Aufkommen des Computers: Seine binäre Logik sollte zur Verarmung des Gefühls, seine Faszination zu isolierten Computernutzern führen, denen es an sozialen Fähigkeiten gebräche. All dies ist widerlegt; die Ängste und Sorgen sind überstanden, aber längst haben wir neue, die wir in wenigen Jahren vielleicht auch vergessen haben werden. Darum ist es notwendig, daß die Medienpädagogik zwar auch hier ihre Kompetenzen einbringt, aber ihre Handlungen und Angebote in umgreifendere Konzepte stellt, die über nachbesserndes Erziehungshandeln hinausgreifen.

Dies alles ist zu bedenken, wenn im folgenden über medienpädagogische Konzepte im engeren Sinne berichtet wird.

4.3. Medienpädagogische Konzepte: Von der Medienkritik zur Handlungsorientierung

Während – auch in der Auseinandersetzung mit der kulturkritischen Sichtweise – ein theoretischer Denkrahmen für Medienpädagogik entwickelt wurde, geht es nun darum, ihre auf direktes pädagogisches Handeln gerichteten *Konzepte* im pädagogischen Denk- und Handlungsraum vorzustellen. Unter Verzicht auf eine detaillierte historische Rekonstruktion medienpädagogischer Debatten und unter Herausarbeitung ihrer *Kontur* lassen sich stets zwei Argumentationsintentionen dingfest machen: Einer starken Gruppe der Medienkritiker steht eine weniger formierte Gruppe der Medien-Befürworter gegenüber. Gleichzeitig wurde eine eher praktisch und moralisch orientierte, später auch theoretisch untermauerte Medienkritik zunehmend von einem anderen Blickwinkel abgelöst, der unter dem Stichwort „Handlungsorientierung" zu fassen wäre und weniger debattiert, was Medien mit Menschen anrichten können, sondern umgekehrt (im Sinn des Nutzenansatzes): was Menschen von Medien erwarten und mit ihnen tun.

Um die Wende zum 20. Jahrhundert, als die neuen Drucktechniken es ermöglichten, Trivialliteratur, Kriminal- und Frauenromane massenhaft zu produzieren, wurden vor allem Pädagogen bedenklich – darauf war schon hingewiesen. Eine pädagogische *Kontroll*-Orientierung war bestimmend. Ziel war die Einschränkung jeder Art von Mediengebrauch. Zwar verstand sich die Kinoreformbewegung als Gegenzug, weil sie den ‚guten‘ Film fördern und als erzieherisches Mittel einsetzen wollte. In der Schulfilmbewegung der 20er Jahre dieses Jahrhunderts meinten ebenfalls reformpädagogisch gesonnene Lehrer, daß das neue Medium des bewegten Bildes nicht generell abzulehnen sei, sondern auch Nutzen bringen könne. Die Schule sei zu rational und dürr. Ihr Curriculum müsse darum ergänzt werden durch das Prinzip der ‚Anschauung‘. Dieses leiteten sie von Goethes Symbolbegriff her: In der Fülle der Dinge selbst, ihrer wohlgeordneten Struktur, scheint eine tiefere, nicht nur dem Oberflächenblick behaftete Bedeutung auf. Für solche Formen ganzheitlicher Verlebendigung schien das optische Medium sehr geeignet zu sein. Medienpädagogik im neuzeitlichen Sinn begann also als schulisch-orientierte *Mediendidaktik* (Einsatz von Medien als Lehr- und Lernmittel). Hier wurden die neuen Medien immerhin akzeptiert, aber der *Kontrollblick* auf sie blieb dennoch: Die pädagogische Zunft wählte aus, was Kindern und Jugendlichen zuträglich sei oder nicht.

Noch deutlicher wird die Kontrollorientierung in der Zeit des Nationalsozialismus. Der Film wurde nun verstärkt als Instrument der Propagandaerziehung eingesetzt. Produktionen wie „Hitlerjunge Quex" oder „Kopf hoch Johannes" versuchten, auf unterhaltende Art Jugendliche für die Ideen des Staates zu gewinnen. Medien waren ein Instrument der Politik. Solche Erfahrungen führten nach dem Zweiten Weltkrieg dazu, die Distanz gegenüber den Medien zu vergrößern. Es ging nun, in einer vielzitierten Wendung, vor allem darum, „in den rechten Umgang mit den Medien" einzuführen im Rahmen einer *Bewahrpädagogik*. Deren Ziel war es, das ‚Gute und Echte' den Kindern zu vermitteln, aber das ‚Schlechte und Gefährliche' fernzuhalten. Filmerziehung, Filmgespräch (Verarbeitung des Filmergebnisses und Erzeugung von Filmverständnis) sollten dazu dienen, den Heranwachsenden Maßstäbe an die Hand zu geben. Diese wiederum waren religiös oder konservativ orientiert und sollten die schnellen Entwicklungen und Eindrücke der Medien an die bürgerliche Ordnung, wie sie war, rückbinden.

In den 60er Jahren, im Zusammenhang der Auseinandersetzung mit dem inzwischen seine Wirkmächtigkeit und Anziehungskraft bewiesen habenden Fernsehen, wurden dann Konzepte entwickelt, die den kritsch-pädagogischen Impetus von seinen konservativen Folien befreiten und ihm eine Theorie zur Seite stellten, die Medienkritik keineswegs als Bewahrung der Entwicklung verstand, sondern in dieser Bewahrung allenfalls ‚Unterdrückung' und etablierte Machtverhältnisse sah. Es entwickelte sich, vor allem im Gefolge der Frankfurter Kritischen Theorie eine *ideologiekritische Medienpädagogik*. Diese ist, theoriegeschichtlich gesehen, in zweierlei Hinsicht bedeutsam: Sie nahm theoretische Argumentationsstränge auf und schloß sich an sozialwissenschaftliche Debatten an. So erweiterte sie auch den Blickwinkel der Medienpädagogik, indem sie eine einseitig geisteswissenschaftlich-konservative Tradition überwand und – wie die Erziehungswissenschaft selbst – dieser sozialwissenschaftlich-analytische Elemente hinzufügte. In den 60er Jahren gab es also einen gewaltigen Fortschritt im konzeptionellen Diskurs, der vor allem darin bestand, daß eine letztlich normensetzende Medienpädagogik durch eine *kritische* abgelöst wurde. Es erfolgte also ein radikaler Bruch mit der vorherrschenden (medien-)pädagogischen Tradition. Ein besonderer Impuls ging dabei von der Reformdiskussion im Kunstunterricht aus (dazu: Baacke 1995, S. 34ff.). Beispiel und zugleich Zentrum der neuen Auffassungen wurde der in vielen Auflagen erschienene Sammelband Hermann K. Ehmers „Visuelle Kommunikation. Beiträge zur Kritik der Bewußtseinsindustrie" (1971). Unter Rückgriff auf die Kulturkritik der Frankfurter Schule, die die gesellschaftlichen Hintergründe der kapitalistischen Produktionsbedingungen einer ‚Kulturindustrie' (Horkheimer, Adorno) oder ‚Bewußtseinsindustrie' (Enzensberger) beleuchtete, sollte die Kunsterziehung ihre Lernziele und ihr allzu eng auf traditionelle Kunstformen ausgerichtetes Selbstverständnis radikal revidieren. Nun galt nicht mehr der Satz, Kunst rechtfertige ihren Wert aus sich selbst. Wichtig wurde vielmehr die ‚gesellschaftliche' Fragestellung. In der Einleitung Ehmers heißt es programmatisch: „Vertreter dieses Unterrichtsfaches (sc. Kunst) selbst sind der Überzeugung, daß didaktische Konzeptionen wie ‚musische Erziehung' oder ‚Kunstunterricht' und damit *Kunsterziehung* überhaupt – falsch sind oder zumindest nicht mehr ausreichen. Zum einen, weil die Kunst im kapitalistischen Verwertungsprozeß, d. h. als Produkt der Kultur- und Bewußtseinsindustrie, in sich höchst fragwürdig geworden ist, zum anderen, weil die gegenwärtige medienorientierte kulturelle Wirklichkeit in der Vielfalt ihres optischen Angebots die ausschließliche oder doch vorherrschende Vermittlung eines vergleichsweise kleinen Teilbereichs – der bildenden Kunst nämlich – nicht mehr berechtigt erscheinen läßt. Die quantitative Dominanz der optischen Massenmedien wie Fotographie, Film, Fernsehen, Illustrierte, Werbung, Comics usw. in ihrem kaum absehbaren Ausmaß an Wirkungen erfordern eine vordringliche Auseinandersetzung, die sich notwendig als kritische verstehen muß" (ebd., S. 7). Nicht mehr Medienkunde oder Bewahrpädagogik, sondern eine *kritische Mediendidaktik* war nun gefordert, und Kunstbetrachtung wird überführt in das Konzept ‚visuelle Kommunikation' mit der Maßgabe: „Zentrale Aufgabe eines sich so verstehenden Unterrichts hätte die Vermittlung der Einsicht zu sein, das heute herrscht, wer über das Bewußtsein der Massen verfügt. Die Einsicht in die Bedingungen der Abhängigkeit unseres Bewußtseins von der Bewußtseinsindustrie und damit von denjenigen, die über diese Produktionsmittel verfügen, wäre die erste Voraussetzung für Emanzipation" (ebd., S. 8). *Ideologiekritik* war die Domäne der ‚neuen' Medienpädagogik. Sie betrachtete auch das Medium Film im Zusammenhang gesamtgesellschaftlicher Produktionsverhältnisse und Wirkungen. Durch Aufdecken ‚wie etwas gemacht ist' sollten die Schüler von der Unterwerfung an geglaubte Werte wie Aufstieg, Erfolg etc. emanzipiert werden, indem Ungerechtigkeiten zwischen sozialen Schichten, Rassen und ganzen Erdteilen enthüllt wurden. Adorno sprach in seinen gesellschaftskritischen Schriften, die gleichzeitig immer eine ästhetische Theorie beinhalteten, vom „Verblendungszusammenhang" des Bürgers, einer Blindheit, die sich an die Oberfläche der Waren heftet und nicht sehen will, unter welchen Bedingungen und zu welchen Zwecken diese produziert werden.

Sieht man auf die Praxis dieses Konzepts, differenziert es sich schnell. Ein wichtiger Weg wurde darin gesehen, Alltag und Erfahrung in der Filmarbeit zu erreichen. So wurde vorgeschlagen, die im Film gezeigten Gegenstände, Themen und Motive auf ihren ‚Realitätsgehalt' zu untersuchen. Dann konnte deutlich werden, daß Jugendliche oft ganz anders organisierte Erfahrungen haben. Indem man ihnen dies deutlich macht, glauben sie nicht mehr unreflektiert den Bedeutungen, die den Gegenständen im Film zugeschrieben werden. Ein Beispiel: Motorradfahren kann im Film ein Symbol der Freiheit oder des Lebensgenusses sein (etwa im Kultfilm „Easy Rider"). Für den jugendlichen Motorradfahrer ist die Straße aber eine gegenständliche Situation, indem sie zum Ort realer Erfahrungen wird (die Polizei greift ein, die Gruppe trennt sich, um sich auf diese Weise zu schützen etc.). Auf diese Weise werden filmische Stereotypen zerlegt, weil die filmisch gezeigten Szenen anders sind als die Erfahrungen, die Jugendliche in ihrem Alltag machen. Kino und Film werden nur dann eine ‚gegenständliche Situation', wenn eine Art von Öffentlichkeit entsteht, die die Filmrezeption als naive Hingabe der gezeigten Symbole überlagert und produktiv gestaltet. Beispiel dafür ist eine Analyse von William Wylers Film „An einem Tag wie jeder andere", in dem Humphrey Bogart die Hauptrolle spielte. Der Film zeigt, wie eine Gruppe von Einbrechern in das eintönige Alltagsleben einer Familie eindringt. Diese vermag sich jedoch schließlich gegen die Störung ihrer Ordnung zu wehren, so daß nach Erledigung der Verbrecher die alte Routine wiederkehrt. Die Botschaft des Films ist: Alles soll bleiben, wie es war; jeder Tag ist wie ein anderer, und dieses Gleichmaß ist gut. Seine Störung bedeutet gleichzeitig eine Zerstörung der bürgerlichen Ordnung. Mit einer solchen Botschaft, so die Interpretation, werden jedoch die subkulturellen Lebenszusammenhänge Jugendlicher nicht erfaßt, die gerade von Action und Abenteuern bestimmt sind, und auf diese Weise wird die Produktion authentischer Erfahrung verhindert.

Ein anderer Ansatz der kritischen Medienpädagogik besteht darin, sich an der filmischen Avantgarde zu orientieren. Es geht darum, daß Jugendliche „an Werken, in denen bewußte ästhetische Strukturen herausgebildet werden, die Sinne (...) schärfen und die eingreifenden Erkenntnismittel erarbeiten" (ebd., der Beitrag Wolfram Schüttes, S. 293). Für Schütte wäre Wylers Film „An einem Tag wie jeder andere" als amerikanisches Kino und als Massenprodukt für ein Massenpublikum wertlos. Anders Jean Marie Straubs „Chronik der Anna Magdalena Bach". An ihr läßt sich das Programm einer an kritisch-avantgardistischen Modellen orientierten Filmpädagogik entwickeln: „Bewußtes Sehen, das die Gesetze erkennt, nach denen visuelle Kommunikation vermittelt wird, ist bisher weitgehend Postulat geblieben. Die Montagetheorien *Sergej M. Eisensteins, Wsewolod I. Pudowkins und Dziga Wertows* gehören zu den wenigen Arbeiten, die hierfür grundlegend sind." Hier wird eine cineastisch orientierte Medienpädagogik entwickelt, die freilich allenfalls in den Oberklassen des Gymnasiums oder der Gesamtschulen oder an Universitäten ihr Publikum findet. (Vielleicht würde Pierre Bourdieu hier von dem „reinen Blick" der Oberklasse sprechen.) Problematisch ist an den beispielhaft geschilderten ‚Ansätzen' (ein Lieblingswort der Pädagogik), daß sie von einem ideologiekritischen Interesse gesteuert sind und die subjektive Befindlichkeit und Bedürfnisdispositionen von Kindern und Jugendlichen keinesfalls zum Ausgangspunkt nehmen. Ihnen ist wichtig die Projektion eines ‚aufgeklärten Jugendlichen', der bild- und damit gesellschaftskritisch erzogen werden muß. In der pädagogischen Praxis hat dieser ‚Ansatz' (von dem hier zwei Ausprägungen skizziert wurden) letztlich auch nicht überdauern können. Zwar gibt es auch heute noch Medienpädagogen, die ‚emanzipatorische Ziele' vordefinieren. Aber bereits in Ehmers Buch „Visuelle Kommunikation" hat beispielsweise der Filmemacher und Journalist Horst Königstein einen neuen Weg beschritten (ebd., S. 299ff.). Er wählte den Italo-Western (ein eher trivial-primitives Produkt, nach klassischer Definition!) als Widerspiegelung der Realitätslage von Jugendlichen. Hauptschüler etwa, so

Königstein, orientieren sich nicht am avantgardistischen Modell noch sind sie
in der Lage oder willens, eine kritische Ideologiekritik als Maßstab an alles, was
ihnen Spannung und Unterhaltung bringt, heranzutragen. Königstein entdeckt
in seiner Auseinandersetzung mit dem gerade bei Jugendlichen sehr beliebten
Italo-Western Spuren im Zusammenhang von Imagination, Projektion und
Identifikation. Er zitiert beispielsweise die Äußerungen eines 19jährigen Kfz.-
Mechanikers zum Italo-Western: „Also ich find' diese neuen Western da besser,
wo nicht der *John Wayne* da so längs brackert, und dem kann keiner was tun,
und immer der Superheld so, immer gut, haut alle um. Ne, Franco Nero und so
(...) der kriegt immer wieder einen drauf, der hat immer ne zerschlagene Fresse.
Der muß arbeiten, daß er sich durchsetzen kann." Zwar unterliegt dieser Jugendliche den Wirklichkeitsinterpretationen des Italo-Westerns, der Stereotypen
produziert und keineswegs kritisches Kino ist. Aber solche Stereotype sind ein
Stück weit *entlastend* und damit Bestandteil sozialen Erbes. Dies meint: Die
Jugendlichen leben nun einmal mit diesen Klischees, die ihre Alltagswelt durchdringen und im Film ihre Widerspiegelung erfahren. Königstein: „Daß Trivialität
(...) möglicherweise Bewußtsein stiften kann, wenn nur sie und sonst nichts
anderes als die ‚Natur des Unartikulierten' (Siegfried Kracauer) bezeichnet, ist
eine Diskussion wert (...). Wo der Italo-Western in seinen miesesten Serien-
produkten die banale Gewalt (und nur sie allein) feiert, widersetzt er sich
subtiler Rationalisierung: Er spricht von einer ‚Scheiß-Welt'. Verachtung und
Zynismus strafen jeden Ansatz zur abschließenden Harmonisierung lügen. Der
unreflektierte good-bad-film ist kommerzielles Substrat für Identifikationen: er
ist überwiegend so schlecht gemacht, daß er den Zuschauer nur in Leere entlassen kann: da gibt es nichts, was die Erfahrung der Unversöhnlichkeit und der
sozialen Realität kompensieren helfen könnte."

Auch Königstein hält an einem fest: Der vorabwissenden pädagogischen
‚Wahrheit', die in der zwar akzeptablen, aber im Material natürlich weiterhin
miserablen Stereotypisierung besteht, beispielsweise. Erst Anfang der 90er Jahre
entdeckt die Film- und Kinopädagogik ein neues Stichwort: *Faszination*. Dieses
Wort, das bisher nur benutzt wurde, um auf Medien-*Gefahren* hinzuweisen
(Faszination als Verführung durch Apparate) wird nun entdeckt als affektive
Dimension von Kommunikationsprozessen mit Medien (dazu: Baacke 1995,
S. 39ff.). Erst jetzt sind wir offen dafür, die ästhetische Erfahrung von Kindern
und Jugendlichen ernst zu nehmen und ihnen zuzutrauen, in jeder Art von
Material (wenn sie denn medien-alphabetisiert werden) Anregungen und Deu-
tungen zu finden, die sie sich aneignen und damit für sich produktiv machen.
Sicher hat dazu eine „handlungsorientierte" Medienpädagogik beigetragen, weil
sie nicht mehr primär von den Medien-*Inhalten,* aber auch nicht den Absichten
der Pädagogen allein ausgeht, sondern diese in einen Handlungszusammenhang
bringt mit Kindern und Jugendlichen selbst.

4.4. Medienpädagogische Handlungstheorie

An dieser Stelle ist es meines Wissens das erste Mal, daß die Medienpädagogik sich in grundlagentheoretische Debatten einschaltet. Leitbegriffe sind ,Kompetenz', ,kommunikative Kompetenz', ,Medienkompetenz', ,Lebenswelt', ,Alltag', die Spannung zwischen ,Konventionalität' und ,Intentionalität' sowie schließlich ,Handeln' und ,Handlungskompetenz' (zum folgenden: Baacke 1972). Für die Behauptung einer „kommunikativen Kompetenz" des Menschen hat sich die Pädagogik insgesamt interessiert, weil diese Arbeitshypothese von der *Erziehbarkeit* des Menschen ausgeht. Sie begründet sich in seiner Kompetenz zu sprachlichem Handeln und damit zur Fähigkeit, aktiv an der Weltkonstruktion teilzunehmen. Verbunden mit der Erziehbarkeit und Bildbarkeit des Individuums ist die Verpflichtung, dies auch zu ermöglichen. Es steckt also von Anfang an ein *Zielwert* in dem Konzept, und damit wechselt es aus der analytischen Dimension in die pädagogische über.

Der Kompetenzbegriff wurde von dem Linguisten Noam Chomsky in Weiterführung von Gedanken Descartes' und Humboldts verwendet für die von ihm angenommene, im Mentalen verankerte Fähigkeit des Menschen, aufgrund eines immanenten (nicht durch Reiz-Reaktion erlernten) Regelsystems eine potentiell unbegrenzte Anzahl von Sätzen zu erzeugen. Er sieht eine wesentliche Eigenschaft der Sprache darin, daß sie die Mittel bereit hält, beliebig viele Gedanken auszudrücken oder es auch ermöglicht, entsprechend von beliebig vielen neuen Situationen adäquat sprachlich zu reagieren. Chomsky möchte daher die Grammatik einer Einzelsprache durch eine ,universelle Grammatik' ergänzen, die den kreativen Aspekt der Sprachverwendung erfaßt und die profunden Regularitäten ausdrückt, die, da sie universell sind, in der Einzelgrammatik nicht aufgeführt zu werden brauchen. Es wird damit vorausgesetzt, daß alle Menschen potentiell über die Sprachmuster einer Universalsprache verfügen (Annahmen, die Chomsky übrigens inzwischen erheblich revidiert hat). An solche Überlegungen knüpfen sprachphilosophische Erwägungen an, wie sie im Anschluß an den späten Wittgenstein durch Apel und Habermas in die Diskussion eingeführt worden sind. Der ideale Diskurs, an dem alle Menschen gleichberechtigt beteiligt sind, setzt als transzendentale Grundlage des Sprachverstehens und der Sprachbeherrschung das transzendentale Sprachspiel einer unbegrenzten Kommunikationsgemeinschaft voraus. Der Mensch gehört nach Apel zum einen einer *realen Kommunikationsgemeinschaft* an, deren Mitglied er selbst durch einen Sozialisationsprozeß geworden ist, und zum anderen einer idealen *Kommunikationsgemeinschaft*, „die prinzipiell im Stande sein würde, den Sinn seiner Argumente adäquat zu verstehen und ihre Wahrheit definitiv zu beurteilen" (zitiert nach Maas 1972, S. 192). Apels ideale Kommunikationsgemeinschaft ist diskursfähig, denn in ihr sind Verzerrungen und Störungen der Kommunikation ausgeschlossen. Alle Beteiligten haben die gleiche Möglichkeit, über Sprechakte zu verfügen. Dies ist ein normatives, also nicht empirisches *Ideal*, das mit einem ethischen Postulat verbunden ist: nämlich dem, auch jeden ,zur Sprache' und ,zum Sprechen' kommen zu lassen, weil er denn ja kompetent ist. In der Realität gibt es diese ideale Kommunikationsgemeinschaft nicht. Sie bleibt aber das leitende Korrektiv für reale Kommunikationen.

Kommunikation besteht aber nicht nur aus *sprachlichen* Interaktionen. Daher genügt es nicht, bei der *Sprach*kompetenz stehen zu bleiben. Was Chomsky für die Produktion von grammatisch-sinnvoller Sprache fordert, gilt für den Bereich der gesamten Wahrnehmung: es werden nicht nur wahrgenommene (gesehene und gehörte) Gestalten isomorph aufgenommen und im internen Wahrnehmungszentrum abgebildet, sondern der Mensch kann neue Gestalten produzieren ebenso, wie er bisher nicht gehörte oder nicht gelesene Sätze bilden kann. Eine ,kommunikative Kompetenz ist' die Fähigkeit des Menschen, potenziell situations- und aussagenadäquate Kommunikationen auszugeben und zu empfangen, ohne an Reize und von ihnen gesteuerte Lernprozesse gebunden zu sein. Der so weiterentwickelte Kompetenzbegriff bezieht sich auf die *pragmatische* Ebene von Sprache und Wahrnehmung. Während sich die Betrachtung der sprachlichen Kompetenz allein der Semantik und der Grammatikalität von Sätzen widmet, bezieht der Begriff der ,kommunikativen Kompetenz' Wahrnehmung ebenso ein wie biographische, sozialstrukturelle und kulturell-gesellschaftliche Ablagerungen.

Die kommunikative Kompetenz realisiert sich, so die Theorie, in der ,Lebenswelt' oder ,Alltagswelt' von Individuen. Die Lebenswelt ist die für einen Menschen oder eine Gruppe (etwa: Familie, Schulklasse, Arbeitskollegen) konstituierte reale Umwelt von Erfahrungen und Handlungsmöglichkeiten. Sie ist der Lebensraum, in dem sich Erziehung und Sozialisation abspielen und der damit alle Kommunikationen eines Menschen bestimmt und umfaßt. Die Wiederholung von Handlungen führt auch zur Beschreibung von Lebenswelt als ,Alltagswelt', die die alltäglichen Lebensvollzüge von Menschen umgreift. Jede Lebenswelt wird durch historische und gesellschaftliche Bedingungen bestimmt, die wiederum Hintergrund sind für die biographische Entwicklung und die Lerngeschichte eines Individuums und damit seine kommunikative Kompetenz. Dabei überschreitet Kompetenz die Möglichkeiten, die der Mensch jeweils für die Bewältigung seiner realen, vorgegebenen Lebenssituation braucht. Würde man sich darauf beschränken, liefe dies auf Einfügung und Anpassung hinaus. Bestimmte Lohngruppen brauchen dann etwa nur beschränkte Fähigkeiten, sich kommunikativ zu verhalten – soviel nämlich, wie sie zur Ausübung ihres mit beschränkter Verantwortung versehenen Berufes brauchen. Andererseits ist es schwierig, eine von allen Menschen erreichbare und zu erreichende ,kommunikative Norm' festzulegen, auf die hin erzogen werden muß. Es gibt eine ganze Reihe von Katalogen, etwa: Förderung der Fähigkeit zur *Rollendistanz* (kein Festhalten an gesellschaftlich vorgeschriebenen Interaktionsplänen, sondern

Reflexion darüber und ständiger Wechsel zwischen eingenommenen Positionen, je nach Situationsanforderungen), zur *Ambiguitätstoleranz* (unentschiedene Situationen aushalten), zur *Ambivalenztoleranz* (die Uneindeutigkeit von Situationen ertragen), zur *Fähigkeit zur Entscheidung* und zu *selbstverantwortlichem Handeln*. Für alle diese wünschenswerten Eigenschaften müssen kommunikative Strategien gelernt werden.

Kommunikative Kompetenz, die sich in der Lebenswelt oder im Alltag realisiert und umsetzt, tut dies immer (sehen wir von dem einsamen Robinson Crusoe auf seiner Insel ab) in Situationen, an denen mehrere Menschen beteiligt sind. Jeder Kommunikator ist ein actor-in-situation. In der Regel sind zwei oder mehr Personen an einer Kommunikation beteiligt. Eine Beziehungsaufnahme unter ihnen ist dann möglich, wenn die Sprachbeherrschung der verschiedenen Kommunikatoren gleichwertig ist oder die Kommunikatoren entsprechende Sprachmechanismen haben, um auch Unterschiede zu überbrücken. Darüber hinaus muß zwischen denen, die Kommunikationsakte ausführen, eine *sprachliche Konvention* bestehen. Die Konventionalität von Sprechhandlungen ist Voraussetzung für eine Verständigung. Unsere Alltagssprache ist voll von solchen Übereinkünften. Die Konventionen beginnen bei einer gemeinsamen Grammatik, die es erlaubt, den Typus einer Sprechhandlung deutlich zu machen. Beispiel: „Ich komme morgen zu Dir" bedeutet, explizit gemacht: „ich *verspreche*, daß ich morgen zu Dir komme". Auch Verhaltensübereinkünfte gehören dazu (in der Familie wird anders gesprochen als in der Schule). Zu den Konventionen richtigen Sprechens gehört auch, daß mit einer Aussage koordinierte Handlungen verbunden werden. Wer sagt: „Ich komme morgen zu Dir" und dies *nicht* tut, verstößt gegen die Konvention, die darin besteht, daß wir erwarten, daß einer das, was er sagt, auch meint. Es handelt sich also um ein Versprechen, das, falls nicht höhere Gewalt dagegensteht, auch ausgeführt werden muß. Konventionen können natürlich verändert werden. Über sie erfolgen unsere Wirklichkeitskonstruktionen.

Zu Konventionen gehört aber auch die *Intentionalität*. Denn die Zuordnung einzelner Tätigkeiten von Kommunikatoren erfolgt nomalerweise unter dem Gesichtspunkt des Zusammenwirkens der Kommunikatoren im Hinblick auf ein *gemeinsames Ziel*, z.B. das der sprachlichen Verständigung und der durch diese Verständigung gesteuerten gemeinsamen zielgerichteten Handlungen. Wir instrumentalisieren unsere Konventionen, um die sprachlichen Intentionen wirksam zum Zuge kommen zu lassen. So bestimmen Konventionen und Intentionen Sprechen und Handeln und stellen zugleich die *Verbindung* zwischen beiden her. Offen bleibt, ob Konventionen und Intentionen in jedem Fall zusammenfallen. Man kann dieser Meinung sein: Nur was konventionalisierbar ist, worüber also gemeinsame Handlungsübereinkünfte bestehen, das kann auch durchgesetzt und erreicht werden. Die alltägliche Erfahrung freilich fordert häufig den Widerspruch zu dieser Behauptung heraus. Praktisch sind Sprech-

und Handlungssituationen viel komplizierter. Ein Sprecher kann beispielsweise
Redekonventionen befolgen und darum vom Hörer akzeptiert werden, ohne daß
dieser seine Intention überhaupt versteht oder billigt. Oder es können Sprecher
gleiche Konventionen, aber unterschiedliche Intentionen haben, ebenso wie
unterschiedliche Konventionen und gleiche Intentionen; nur zu häufig kommt
es schließlich vor, daß Konventionen und Intentionen von Sprechakten nur *zum
Schein* übereinstimmen (jemand kann versprechen, Frieden zu halten und das
Gegenteil beabsichtigen und dann auch tun).

Die Einsicht in die Konventionalität von Handlungen und ihrer intentionalen
Struktur ist für die Analyse der Beziehung von Medien und ihren Nutzern
fruchtbar zu machen. So gibt es beispielsweise journalistische Konventionen,
ästhetische Konventionen der Filmemacher etc. Diese entsprechen nicht immer
den konventionellen Vorerwartungen des Publikums, und umgekehrt: Indem
bestimmte Geschmackskonventionen beim Publikum vorausgesetzt werden,
bewegen sich die Produktionen im Ausdrucksraum der schon vorhandenen
Muster. Daß gerade die Intentionalität von Programmen den Rezipienten verfehlt
(er versteht etwas falsch, hört gar nicht zu, sucht sich nur das ihn Interessieren-
de aus), zumal die diffusen Intentionalitäten der Benutzer auch gar nicht zu
bündeln sind, ist bekannt. Trotz solcher Schwierigkeiten ist es erstaunlich, daß
doch die Mehrheit der Programme, sofern sie überhaupt wahrgenommen wird,
auch einigermaßen ‚richtig‘ (wenn manchmal auch nur sporadisch) verstanden
wird. Eigentlich müßte das Gegenteil der Fall sein: Die Welt der Kommunikation ist eine Welt der Mißverständnisse, und jede Art von Austausch ist nur
Schein. Ebenso aber, wie wir im Alltag über eine ‚kommunikative Kompetenz‘
verfügen, verfügen wir heute auch über eine ‚Medien-Kompetenz‘, die sich von
der ‚kommunikativen Kompetenz‘ nur dadurch unterscheidet, daß sie nicht in
face-to-face-Situationen stattfindet, sondern in der parasozialen Interaktion mit
Medienbotschaften und ihren Trägern. (Zu den praktischen Folgen vergleiche
das letzte Kapitel.)

Nun müssen wir noch den Begriff ‚Handeln‘ einführen, der bisher allerdings
schon mitgedacht wurde, wenn beispielsweise von Sprech*akten* die Rede ist.
Kommunikation (als Verständigung durch Zeichen und Symbole) und Inter-
aktion (als Handeln mit anderen) sind, wenn nicht identisch, so doch untrennbar.
Kommunikation erlaubt allererst zu erfahren und zu definieren, was mensch-
liches Handeln sei. Das Schaffen von Konventionen und das Verfolgen von
Intentionen ist selbst Handeln und eine Bedingung von Handeln. Ein kleines
Kind, das in der Wiege liegt und sich nur durch Schreien verständigen kann, hat
nur einen sehr geringen Handlungsspielraum. Erst allmählich erwirbt es die
Fähigkeit, bestimmte Handlungen auszuführen, etwa, mit Bauklötzen einen
Turm zu bauen. Dies wäre eine selbständige Handlung. U. Maas schlägt daher
vor (1972, S. 192): „Eine Tätigkeit, die über ihre eigenen Bedingungen verfügt
dadurch, daß sie diese geschaffen hat, wollen wir *Handeln* nennen." Ein ‚han-

delnder' Mensch verfügt demnach über sich selbst und kann das, was geschieht, kontrollieren. Wer schläft oder ins Wasser fällt, handelt nicht – es geschieht etwas mit ihm. Wenn der ins Wasser Gefallene sich durch Schwimmen zu retten versucht, beginnt freilich sein Handeln. Auch in der Sprache unterscheiden wir zwischen *Vorgängen* und *Handlungen*. ,Listen to me' ist die Aufforderung zu einer Handlung. Hier ist das Verb ,hear' nicht zu verwenden, da dies sich auf einen Vorgang bezieht. Oder: Im Französischen wird unterschieden zwischen ,nager' und ,flotter'. Das erste Verb ist zu verwenden, wenn ein Junge schwimmt, das zweite, wenn ein Stück Holz im Fluß schwimmt. Der böse Witz, zu fragen, wenn die Großmutter die Treppe heruntergefallen ist: „Oma, warum bis Du auch so schnell gerannt?" untersteht aus der (bösartigen) Unterstellung, es handele sich nicht um einen unglücklichen Vorgang, sondern um eine Handlung der Großmutter. Gegenüber dem Verhalten ist das Handeln durch eine Dimension der Unabhängigkeit gegenüber der Situation ausgezeichnet, in der es geschieht; und diese Dimension wird durch die Sprache erschlossen. Sie *kennzeichnet* nicht nur Handlungen, sondern sie erlaubt auch, Handlungen zu planen, *über* Handlungen zu berichten, Handlungen anderer Menschen anderen Menschen zu erklären, zu gemeinsamen Handlungen aufzufordern etc. Handlungen sind immer absichtlich, ebenso wie Kommunikation (sehen wir einmal von Plappern und automatischem Sprechen ab).

Handeln bedarf also der Kommunikation; Kommunikation bedarf also des Handelns. Der immer gleiche Fluß des Geschehens durch Zeiten, das Leben als unverfügbarer Vorgang werden durch Handlungen gegliedert und intentional gesteuert. Die *Erkennbarkeit* und *Bewertbarkeit* von Handlungen, und die Voraussetzung für *gemeinsame* Handlungen schaffen Sprache und Wahrnehmung, die sich verwirklichen über Konventionen, in die die jeweiligen Intentionen eingebunden sind.

All dies gilt auch für Medien-Kommunikation. Hier spielt freilich nicht Sprache die alleinige Rolle. Im Fernsehen sind es vielmehr häufig primär die *Bilder*, die ebenfalls Intentionen, Konventionalitäten etc. ausdrücken und um Verständnis bitten – oder dies auch zurückweisen. Medien-Kompetenz besteht darin, die während des Aufwachsens erworbenen Erfahrungen interpretierend in die Deutung von Medien-Symbolisierungen einzubringen, aus den Medien-Symbolisierungen freilich auch eigene Intentionen herauszuholen. Wenn es um ,Handeln' geht, besteht Interpretation also nicht im schlichten Nachvollzug einer vorgegebenen Botschaft; vielmehr kann es gerade darin sich erfüllen, daß die Botschaft mit ihren Zwischenräumen gedeutet und so aktiv angeeignet wird. Es besteht also eine Dynamik von Projektionen und Rückprojektionen, in der sich Medienkompetenz dann erfüllt, wenn sie nicht willenlos erfahren, sondern reflexiv eingeholt werden kann.

4.5. Medienpädagogische Fokussierung

Die erfolgreiche und weitgehende Rezeption des Konzepts einer medienbezogenen Handlungskompetenz ist verständlich, gerade in einer sich verändernden
Medienwelt (Lauffer/Volkmer 1995).

a. Sozialisationstheoretisch gesehen kann eine Handlungstheorie ein Stück weit
die Bedingungen erfassen und die Prozesse analysieren, unter denen heute
Verständigung geschieht – mit mehr oder weniger wünschbaren Ergebnissen.

b. Pädagogisch gesehen erlaubt das Handlungskonzept, auch Kinder und
Heranwachsende als aktive Partner im Kommunikationsprozeß aufzufassen und
sie damit nicht einer kontrollorientierten normativen Pädagogik zu unterwerfen,
sondern das Ziel des autonomen demokratischen Staatsbürgers stets vor Augen
zu haben.

c. Pädagogisch-praktisch gewendet führt eine handlungsorientierte Medienpädagogik zu Konzepten, die über Rezeptionsorientierung hinausgehen und
Kindern und Jugendlichen aktive Medienpartizipation eröffnen: Über Videogruppen in Schulen oder im Freizeitbereich, über die Beteiligung am Bürgerfunk
als einer Möglichkeit der Laienartikulation im etablierten Medium, über das
Erlernen und Verwenden aller möglichen medialen Ausdrucksformen, von der
Wandzeitung über Grafitti bis zu Schülerzeitungen, Schülerfilmen etc. Seit
vielen Jahren richtet das Kinder- und Jugendfilmzentrum Deutschlands (KJF)
Foto- und Video-Wettbewerbe aus, und, der Medienerweiterung folgend, wird
auch ein Mulitmedia-Wettbewerb geplant, an dem sich Jugendliche mit ihren
Produkten beteiligen können.

d. Die Orientierung am Handlungskonzept erlaubt auch, Alltagskommunikation
und Medienkommunikation zusammenzubinden, da sie ja auch im Alltag als
zwar verschiedene Weisen kommunikativen Austauschs, aber doch als verbunden und untrennbar erlebt werden. Medien-Inhalte gehen in den Alltag ein
(das Verhalten eines Stars wird nachgeahmt, der musikalische Stil einer Pop-
Gruppe durch die Gründung einer eigenen Musikband aufgenommen usf.) und
umgekehrt dienen die Alltagserfahrungen immer erneut als Interpretamente
dessen, was die Medien uns antragen (vgl. den Hauptschüler, der *Django* als
Stellvertreter seiner eigenen Nöte betrachtet, freilich auch als eindrucksvollen
Heros der Niederlage).

e. Beachtet werden muß dabei, daß Handeln in erweiterter Form alle Weisen
von Wahrnehmung voraussetzt und umschließt. Sehen, Hören, Riechen, Schmek-
ken, Berühren – alles dieses sind Sinnesmodalitäten, die unsere Wahrnehmungs-
konzeptionen auffüllen und vielseitig sowie flexibel halten. ‚Handeln‘ findet
sich also nicht nur in der Medien-Produktion, sondern auch in der Medien-
Rezeption, wenn sich jemand beispielsweise einen Film aussucht und ihn dann,
mehr oder weniger fasziniert, ansieht. Eine „handlungsorientierte“ Medienpädagogik ist also in diesem Sinn eigentlich eine „wahrnehmungsorientierte Me-

dienpädagogik". Damit ist ein Praxisraum erschlossen, der das anfänglich diskutierte Problem von ‚Sozialisation‘ und ‚Erziehung‘ (funktionaler wie intentionaler Art) übergreift. Der Zuständigkeitsraum der Mendienpädagogik ist damit abgeschritten:

1. Sie begleitet und erzieht Heranwachsende, vor allem kleinere Kinder, *zu den Medien hin*;

2. sie beachtet und kultiviert aber auch die nicht medienbezogenen Handlungen, weil diese heute ohne Medieninhalte nicht zu denken sind und ihrerseits Interpretamente für Medienbotschaften abgeben;

3. sie analysiert die sozialisatorischen Komponenten des modernen In-der-Welt-Seins und berücksichtigt, daß pädagogisch-intentionales Handeln nur begrenzt möglich ist. Daraus folgt, daß Medienpädagogik nicht nur den Umgang mit Gruppen (oder einzelnen) meint, sondern auch die Verfügung über Bedingungen, in denen Kinder und Jugendliche heute aufwachsen (wer in einem Hochhaus wohnt, und keine Spielgelegenheiten findet, wird zum ‚Vielseher‘, ohne daß das Medium hier Verursachung ist);

4. Medienpädagogik will nicht die Medieninhalte ‚pädagogisieren‘, in dem sie diese ihrer Herrschaft unterwirft (dies ist auch nicht möglich); sehrwohl aber wird sie auch auf Medien-*Inhalte* hin arbeiten, also Programm*kritik* üben, aber auch Vorschläge zur Programm*entwicklung* machen (sofern sie ihre kreativen Kompetenzen erprobt und ausgebildet hat);

5. Medienpädagogik kann sich, dies sei abschließend festgestellt, weder aus der Medienpolitik noch aus dem ‚Diskurs über Medien‘ der Gesamtgesellschaft zurückziehen, will sie sich nicht auf pädagogische Provinzen abdrängen lassen, in denen sie nur als ‚Reparaturbetrieb‘ funktioniert für das, was außerhalb von ihr geschieht und zu verantworten wäre.

5. Medienwelten von Kindern und Jugendlichen

Vor wenigen Jahren war die Sprache noch von den ‚neuen Informations- und Kommunikations-Techniken' (IuK). Dieser Ausdruck bezog sich vor allem auf die Expansion der Programm-Medien (neue Verteilkanäle wie Kabel, Satellit, terrestrische Frequenzen) sowie auf die weiterräumige Organisation des Rundfunkangebots in ‚öffentlich-rechtlich' und ‚privat'. Parallel dazu wurden Diskussionen um die Bedeutung des Computers geführt, der nicht nur im privaten Leben, sondern auch in der Arbeitswelt und in der öffentlichen Verwaltung eine zunehmende Rolle spielt, mit den Folgen veränderter Arbeitsanforderungen und Arbeitsplätze, veränderter Alltagsabwicklungen (statt mit Angestellten am Bankschalter oder im Bahnhof interagieren wir nun rund um die Uhr mit Kommunikations-Apparaturen). Eine Wandlung der Kommunikationskultur wurde beschworen mit der bangen Frage, ob das Funktionieren lebensweltlicher Ganzheit nun nicht endgültig zerstört sei angesichts einer offenen Informationsgesellschaft mit einer drohenden Überflutung des Bewußtseins. Nun rufen wir, in Verlängerung und Fortsetzung dieser Debatten, das ‚Multimedia-Zeitalter' aus, nachdem das duale Rundfunksystem und die fortschreitende Kommerzialisierung der Medieninhalte offensichtlich und ungebremst sich entfalten konnten. Wir kommen auf dem ‚Informations-Highway' mit ungeahnter Geschwindigkeit zueinander. Während ein Brief immer noch unkalkulierbar lange Zeit braucht, um den Adressaten zu erreichen, und selbst das FAX noch an der Materialität von Papier, Drucker und mechanischen Funktionen hängt, erreichen wir über E-Mail und World-Wide-Web (WWW) den Partner in Sekundenschnelle, und seine Antworten sind ebenso schnell angekommen. Die schnelle Beschaffung von Informationen, neuesten Nachrichten oder auch Forschungsergebnissen bzw. Spezialbotschaften für Hobbyisten und Spezialisten sowie kommunikative Interaktion allerorten sind eng aneinander gerückt und werden am Computerterminal verbunden.

Kinder und Jugendliche wachsen in die Zukünfte dieser globalen Informationsgesellschaft hinein, erleben sie aber schon jetzt von Geburt an als Elemente, die den sozialen Wandel ihres alltäglichen Lebens bestimmen. Der Ausdruck ‚Medienwelten' will genau dies anzeigen: Kinder wachsen heute nicht nur mit Vater, Mutter sowie Geschwistern, nicht nur mit Lehrern und pädagogischen Institutionen und in direkten Interaktionen aller Art auf (kommunikative Kompetenz), sondern ihr lebensweltlicher Alltag ist fundiert und zugleich überwölbt von unmittelbar handhabbaren technischen Geräten, die ihrerseits wieder Pro-

dukte zum Teil weltweit agierender Informationsorganisationen zur Verfügung
stellen, und dies rund um die Uhr und mit immer wieder weniger Einschränkun-
gen (Medienkompetenz). Medien aller Art sind also allgegenwärtig und ein
zentrales Element im Prozeß des Heranwachsens von jungen Menschen, die
gleichzeitig die Informations-, Expansions- und die multifunktionale Nutzung
von Informationen als ständigen Veränderungs- und Erweiterungsprozeß erleben.
Die sogenannte Multimedia-Zukunft steht für die neue Generation bereits am
Horizont und wird, wenn sie erwachsen ist, voraussichtlich Gegenwart geworden
sein. Auch derzeit, Ende der 90er Jahre also, ist das Medienangebot bereits
entscheidend erweitert worden. Die Vielzahl von Hörfunkprogrammen wird gar
nicht mehr genau registriert, und auch die mehr als 25 Fernsehprogramme, die
heute in der Regel schon in Haushalte einstrahlen, werden gegen Ende der 90er
Jahre an Zahl, Angebotsformen und -inhalten fast unübersehbar sein.
    Eine 1993 erfolgte Umfrage des Sample-Instituts (1 300 Kinder) in Nord-
rhein-Westfalen ergab folgendes Bild:
— Jedes dritte Kind im Alter zwischen 6 und 13 Jahren besitzt einen eigenen
   Fernsehapparat;
— jedes zehnte Kind verfügt über einen eigenen Computer;
— Unterhaltungselektronik befindet sich in 91 % aller Kinderzimmer;
— fast jedes zweite Kind verfügt über einen Radiorecorder, 12 % der westdeutschen Kinder besitzen darüber hinaus eine Stereoanlage mit CD-Player.
Dies sind ‚Zwischendaten‘, die ständig durch neue Belege überholt werden.
Jedenfalls sind Kinder und Jugendliche eine wichtige Zielgruppe für Medien
geworden. Dabei sind Kinder in ihrer Bedeutung als zuverlässige Konsumenten
(von Serien etwa) und als aktive Werbenutzer und damit Werbeträger erst in den
letzten Jahren entdeckt worden. Offensichtlich sind sie im Kampf um die Einschaltquoten ein ganz wesentlicher Faktor. Auffällig ist, daß sich in den ver-
gangenen Jahren die Anzahl der Kindersendungen deutlich erhöht hat. Der
kindliche Konsum an Fernsehzeiten ist entsprechend gewachsen – manchmal auf
bis zu vier Stunden täglich (vgl. 6. Jugendbericht Nordrhein-Westfalen, S. 84).
    Mediendichte und Mediennutzung steigen also. Dies wird deutlich, wenn wir
die Langzeitstudie ‚Massenkommunikation IV‘ (1992) heranziehen, die die
Zeitspanne zwischen 1964 und 1990 erfaßt. Die Autoren dieser Studie erkennen
drei Phasen im Wandel des Mediensystems in der Bundesrepublik (vgl. S. 272f.).
Die erste Phase (1954–1974, also 10 Jahre) war vor allem bestimmt durch eine
relativ schnelle Ausbreitung des neuen Mediums Fernsehen bis zur Vollver-
sorgung der westdeutschen Bevölkerung. Es folgte der Auf- und Ausbau des
Programmangebots der öffentlich-rechtlichen Rundfunkanstalten. Die zweite
Phase (1974–1985, abermals etwa 10 Jahre) war relativ beruhigt mit einer
auffälligen Konstanz in der Medienversorgung und im Programmangebot (kleinere Schwankungen und Neuentwicklungen gab es vor allem beim Hörfunk).
Die elektronischen Medien wie Fernsehen und Hörfunk haben sich als aus-

schließlich öffentlich-rechtlich eingependelt. Seit 1985 besteht wieder eine Phase des Umbruchs im Mediensystem; mit der Einführung des dualen Rundfunksystems und einschneidenden quantitativen wie qualitativen Veränderungen dessen, was der Medienrezipient bei guter technischer Versorgungslage auf seinem Bildschirm bzw. per Radio an Programmen angeboten bekommt, ist allein in diesem Sektor eine ganz neue Situation entstanden.

Diese Phasen-Einteilung der Studie bezieht sich vor allem auf Radio und Fernsehen, also auf die Rundfunkanstalten. Beachtenswert ist jedoch, daß über diese Medien hinaus traditionelle Medien wie Buch, Zeitung, Zeitschrift (vgl. Baacke/Sander/Vollbrecht 1991, S. 90ff.), das Telefon (ebd., S. 97ff.), Radio, Cassetten, Schallplatten und später CD-Player sowie Videogeräte, Telespiele, Computer, Walkman sowie Videokamera und immer einfacher zu bedienende Systeme von Fotoapparaten auf den Markt kamen (ebd., S. 63ff.). Dieses Medienensemble ging in unterschiedlicher Weise, aber immer stärker auch in den Besitz von Kindern und Jugendlichen über. Das Angebot ist seit Beginn der 90er Jahre vielfältig. Deutlich stehen die auditiven Medien im Mittelpunkt jugendlichen Interesses (nach der angeführten Untersuchung, Anfang der 90er Jahre: Radio 90,2 %; Cassetten-Rekorder 83,6 %; HiFi-Anlagen 74,6 %). Erst an vierter Stelle folgt das Fernsehen mit 74 % vor dem Fotoapparat (72,6 %), Walkman (73,0 %), Plattenspieler (63,2 %), Video-Rekorder (42,6 %), CD-Player (32,5 %) und Computer (35,8 %). Mit weitem Abstand folgen Telespiel (14,8 %), das Autoradio (13,2 %), die Video-Kamera (11,1 %), die Film-Kamera (7,6 %) und schließlich Dia-Projektor (4,5 %) und Filmprojektor (bald ein Seltenprodukt (4,1 %). Natürlich müssen diese Mittelwerte differenziert werden (davon abgesehen, daß sie mit steigenden Zahlen überholt werden). Beispielsweise nennen doppelt soviel Mädchen wie Jungen das Buch als wichtigstes Medium (27,1 % gegen 12,2 %), während Computer und Videogerät eher von Jungen genutzt werden. Auch der Altersgruppenvergleich und die besuchten Schultypen (Hauptschule, Realschule, Gymnasium) bringen vielfache Differenzierungen. Abgesehen davon ist jedoch festzustellen, daß Jugendliche (vor allem ab 13 Jahren) Interesse für alle medientechnischen Neuerungen haben und viele der Geräte anschaffen wollen. Medienpublika dürfen also nicht als homogene Einheiten verstanden werden. Sie setzen sich vielmehr aus verschiedenen Teilgruppen der Bevölkerung zusammen, die je nach Interessen, Optionsmöglichkeiten, Lebens- und sozialer Situation die Medien unterschiedlich intensiv und extensiv nutzen. Lebensalter, Bildungskapital, Familienstand und Berufsstatus differenzieren das Kommunikations- und Freizeitverhalten erheblich. Dennoch: Es gibt relativ eindeutige Trends, z.B., daß die unterschiedlichen Lebensalter in der Mediennutzung in letzter Zeit erheblich zusammengerückt sind, so daß homogenere und auch größere Zielgruppen entstanden. Aber diese differenzieren sich intern weiter aus – so gibt es nicht den Einheitszuschauer der privaten Programme. Con variatione gilt: Freizeit ist Medienzeit, und dies meint: Besonders Kinder und Jugendliche verbringen über die Hälfte ihrer frei verfügbaren Zeit in irgendeiner Form mit Medien aller Art (Baacke/Lauffer 1995, S.236ff.).

Dies bedeutet nicht, daß diese Altersgruppen besonders lange Fernsehen. Hier sind andere stärker betroffen. Bisher zu wenig beachtet wurde jedoch die *außerhäusliche* Mediennutzung und die Expansion von Medienumgebungen, also Orten, die vor allem der Mediennutzung dienen bzw. von ihr bestimmt werden. Die Studie „Medienwelten Jugendlicher" (Baacke/Sander/Vollbrecht 1991) hat darum die Bedeutung außerhäuslicher Medienumgebungen für Jugendliche (hier wurde die Altersgruppe zwischen 13 und 19 Jahren erfaßt) deutlich herausgearbeitet. An medien-bestimmten Umgebungen wurden herausgefunden und untersucht: Kino, Discothek, Kaufhäuser, Platten- und CD-Läden, Videotheken, Spielhallen, Buchläden, Büchereien, Boutiquen, Musikkneipen, Jugendzentren. Alle diese Medienumgebungen werden von Jugendlichen, einige nahezu ausschließlich (Discothek, Kino) genutzt. Während Kinder zunächst zu Hause und in der Familie mediensozialisiert werden, tauchen Jugendliche dann auch, wenn sie das Haus verlassen und sich in ihren Freundschaftsgruppen aufhalten, in meist kommerziell bestimmte Medienumgebungen ein.

In der eben zitierten Untersuchung (S.122ff.) wurden die Jugendlichen gebeten, aus einer Liste von 11 Medienorten denjenigen auszuwählen, den sie für am wichtigsten halten. Für ein Viertel der Jugendlichen ist dies das Kino (24,6%). Es folgen die Discothek (15,2%), in der Regel erst ab 18 Jahren zugänglich; Platten- und CD-Laden (13,6%) und die Konsumzonen der Kaufhäuser etc. (12,5%). Kneipe, Schule, Bücherei, Buchladen und − relativ abgeschlagen − das Jugendzentrum und die Videothek sowie die Spielhalle begnügen sich mit späteren Rängen (unter 10% bis, bei der Spielhalle, 0,9%). Da der soziale Wandel über Medien die Multimediazukunft bald erreicht haben wird, werden sich die hier angegebenen Daten, die die Lage Anfang der 90er Jahre beschreiben, sehr schnell wieder ändern. Dies ist, nebenbei bemerkt, ein dauerndes Problem der Medienforschung: Ihre Ergebnisse sind ständig überholt. So ist beispielsweise beklagt worden, daß Jugendliche immer weniger Tageszeitungen lesen. Mitte der 90er Jahre scheint dieser Trend (vorübergehend?) gebrochen. Ähnliches gilt für eine wachsende Wertschätzung des Radios (nach einer Periode starker Marginalisierung), und auch eine Stabilisierung, ja Erhöhung des Kinobesuchs bei jungen Leuten, aber auch jungen Erwachsenen wird festgestellt. Jedes Jahr können also neue Datenlagen angeliefert werden, die detaillierte Ergebnisse in Frage stellen oder variieren.

Wichtiger ist darum die Feststellung von übergreifenden Tendenzen, die nicht ohne weiteres erschütterbar zu sein scheinen. Zu diesen gehört die generelle Feststellung, daß Kinder und Jugendliche heute mit Medien aller Art aufwachsen und sie eigentlich überall, wo sie sich aufhalten, auch benutzen. Nehmen wir die elektronische Datenverarbeitung hinzu, die viele Alltagsabwicklungen (Bahn, Bank, Shopping usf.) umgreift, bestätigt sich auch von hier aus die Feststellung, Kinder und Jugendliche wüchsen auf in reich differenzierten, ihren Alltag umgreifenden Medienwelten.

5.1. Veränderungen von Kindheit und Jugend

Der soziale Wandel, wie er über Medien getragen und beschleunigt wird, beeinflußt zum Teil deutlich sichtbar, zum Teil eher schleichend und allmählich die Figuration ‚Kindheit‘, wie wir sie in der Moderne bisher zu sehen und zu erleben gewohnt sind: als einen geschützten Raum des Aufwachsens, der doch genügend ‚Spielräume‘ bietet, Expeditionen und Abenteuer offen hält, um auf diese Weise Kinder einerseits zu schützen, ihnen andererseits aber auch die Erfahrung von Selbständigkeit und Selbstverantwortung zu vermitteln. Neben eine schützende, zugleich offene Raumstruktur trat dabei bisher eine für Kinder anders als für Erwachsene gestaltete Zeit. ‚Zeiträume‘ für Kinder und Jugendliche zeichneten sich dadurch aus, daß sie ein ‚psycho-soziales Moratorium‘ (einen Verweilraum) darstellten, das noch außerhalb der Zwänge von Terminkalendern, Regelpflichten und ernsthaften Verantwortungen lag. Der Ausdruck ‚Frei-Zeit‘ meint ja bis heute genau dies: daß die freie Verfügung über Zeit ein wichtiges Element der Erholung, Besinnung und Identitätsstabilisierung darstellt. Schon die Abspaltung der ‚Frei-Zeit‘ von der durchgeregelten ‚Arbeits-Zeit‘, erweitert zur ‚Alltags-Zeit‘, verrät, daß die Moderne die Formen des Zeitverbringens immer strikter voneinander abgrenzt und reglementiert. Kinder erfahren dies heute, nicht zuletzt über Medien, in verschärftem Maße. Österberg (1995, S. 81) faßt diesen Tatbestand, der durch empirische Daten zu belegen ist, thesenhaft folgendermaßen zusammen: „Die Beschleunigung der Lebensrhythmen, die Geschwindigkeiten auf Straßen, Schienen, in der Luft, die wachsende Verkehrs- und Kommunikationsdichte, die Verkürzung der Arbeitszeiten bei gleichzeitiger Zeitnot und Hektik sogar im Freizeitbereich haben auch im Kinderleben die Zeitbudgets neu geregelt und gefüllt. Selbst Kinder leben mit der Uhr, haben Terminkalender, koordinieren ihre ‚dates‘, stehen in ihren Ferien unter Reisezwang und an den Wochenenden unter dem Druck, Besonderes und Erzählbares erleben zu müssen. Die schnelle Überwindung großer Entfernungen in Autos, Bussen und Zügen hat sie Panoramen, flüchtige Bilder ‚sehen‘ gelehrt; die Wahrnehmung des Details bedarf einer besonderen Ruhe, die häufig wiederum Anstrengung bedeutet. Große Distanzen verlieren ihren Realitätsgehalt, wenn sie nach Flug- oder Autostunden berechnet werden, wenn man mit anderen Erdteilen wie mit Bekannten um die Ecke kommunizieren kann.“

Das Stichwort ‚Datenautobahn‘ subsumiert auch unsere Kommunikationsformen zukünftig unter die Regeln des Verkehrs, dessen Haupteigenschaften zunehmend darin bestehen, Zeit- und Raumdistanzen gegen Null zu minimieren und auf globalisierende Kommunikationswelten aufzubauen, die die alten

Formen der Erfahrung, eines allmählichen Eindringens in die Wirklichkeit, schon für Kinder radikal verändern werden.

Gleichzeitig werden Kinder und Jugendliche aus den öffentlichen Räumen verdrängt. ‚Globalisierung‘ der Kommunikation bedeutet also keineswegs, daß der öffentliche Raum für alle in gleicher Weise ‚global‘ zur Verfügung steht. Das Gegenteil ist richtig. Wir sprechen von einer Verinselung des Lebensraums von Kindern und Jugendlichen. Damit ist gemeint, daß der öffentliche Raum außerhalb des Hauses vor allem dem Verkehr und dem Durchqueren dient, aber nicht dem Aufenthalt, der Gesellung, der Kommunikation in unmittelbaren, erlebbaren Nachbarschaften. ‚Auf der Straße‘ dürfen Kinder nicht sein, und wenn wir später Jugendliche dort finden, dann meist als Gangs, als ‚Straßenjungen‘ oder, noch diskriminierender, als ‚Straßenmädchen‘, also in gefährdeten Lagen. Die Privatisierung des Kindseins und die damit einhergehende Familialisierung machen „Kinder zu Opfern von Domestizierungen" (Berg 1975, S. 107). Die zunehmende ‚Verhäuslichung‘ von Kindheit kann darum auch als Sozialtechnologie beschrieben werden. Einerseits ist auf diese Weise in der Moderne erst ein sicherer Schutzraum für Kinder entstanden, der ihnen eine spezifische ‚Kindheit‘ überhaupt zusichert. Diese Kindheit ist aber inzwischen perfekt plan-, steuer- und berechenbar geworden. Auch Kinder führen heute Terminkalender, und ihr Alltagsleben unterscheidet sich strukturell zunehmend weniger von dem Leben, das Erwachsene führen. Neben der beachtlichen Größenordnung verhäuslichter Erziehung sind Kindergärten und Schulen aufgefordert, Kinder institutionell an sich zu binden und pädagogisch zu überwachen bzw. aufzubewahren. Zunehmend geben Kinder ihre individuelle Freizeitgestaltung zugunsten reglementierter Inhalte auf, unter der Leitung von Erwachsenen oder älteren Jugendlichen. Berg (ebd., S. 108): „Die Freizeitinfrastruktur hat vieles zu bieten, von dem Kinder profitieren können. Sie hält eine Fülle vorgefertigter spezialisierter Programme bereit, die man ‚buchen‘ kann: ganzjährig für Wochen oder für Wochenrhythmen. Spiel-, Mal-, Musikkurse z. B. werden gleichsam als ‚Trockenübungen‘ für Kreativität und Sozialität inszeniert. In Kinderzimmern, auf Spielplätzen, in Spielgruppen, Kindergärten und Unterrichtsstätten muß zudem viel Vereinzelung überwunden werden. Bevorzugt wird darum das Arrangement möglichst konfliktfreier sozialer Kontakte und Gruppenbildungen mit Gleichaltrigen, Gleichgeschlechtlichen, Gleichschnellen bzw. Langsamen usw. Kinder werden an Spiel- und Lernmaterialien herangeführt und sollen dabei die impliziten Ordnungsmaßnahmen möglichst nicht wahrnehmen. Sollte die sozialpädagogische Konstruktion in lustvolle Selbstorganisation der Kinder übergehen, was ja nicht gänzlich auszuschließen ist, könnte der Zeittakt sie wieder zerstören, denn ohne diesen ist − wie gezeigt − auch Kinderleben längst nicht."

Die neue Kinderkultur besteht also aus pädagogischen Inszenierungen. Neben diesen monofunktionalen, räumlichen Lebensbedingungen treten die Medien-Kontakte mit Imagines, die an die Stelle körper- und umgangsnaher Personen

treten. Hinzu kommen para-räumliche Erfahrungen: Kinder halten sich in
fremden Räumen und Landschaften auf, die sie doch nicht betreten können. Was
aus der ‚pädagogischen Provinz' unmittelbaren Erlebens bewahrend ausgegrenzt
ist, kommt über die Medien an die Kinder heran, vom Körperkult, der Sexuali-
tät, bis zu der Beschreibung und dem Vorzeigen von Geschlechterverhältnissen.
Die domestizierenden Fahrpläne durch die Kinderphase werden gerade durch die
Medien widerspruchsvoll erweitert, auf Lebens- und Beobachtungsräume, die
Kindern in der unmittelbaren Erlebniswelt in der Regel vorenthalten werden. In
fast paradoxer Verschränkung verbinden sich so Zeitplanung, in die dann auch
die Mediennutzung eingelassen ist, und symbolische Fluchtzeiten und Flucht-
träume in den Medien-Imagines. Wir können bisher nicht zuverlässig abschät-
zen, wie solche Veränderungen der Kinderkultur sich auswirken.

Diese strukturellen und inhaltlichen Veränderungen der Kindheit setzen sich
in der Jugendphase fort. Modernisierung, verstanden als *Prozeß von Zivilisierung*, steht dabei zunehmend in Frage. Der Zivilisationsprozeß, den das Ein-
ander-Näherrücken der Menschen in Städten veranlaßt hat, versammelt um eine
regulierende Zentralgewalt – das Gewaltmonopol liegt bekanntlich heute beim
Staat –, besteht ja darin, daß direkte Regelungen von Konflikten und Kommunikationen nicht mehr mit den Mitteln körperlicher Gewalt, durch ein aggressives Sich-auf-den-Leib-rücken sozusagen, ausgetragen werden, stattdessen
vielmehr mit den distanzierenden Mitteln von Regel, Recht und Regelung qua
Gesetz. Der zivilisierte Mensch prügelt seinen Meinungsgegner nicht. Zwar ist
Gewalt nicht verschwunden; wir finden sie in kriegerischen Materialschlachten,
die für uns durchs Fernsehen inszeniert werden, und sie hat sich verteilt als
feine Substanz in unseren Institutionen – von der Gewalt in der Familie über
Gewalt in den Schulen bis zur Gewalt durch Bürokratien. Seit Galtung nennen
wir dies ‚strukturelle Gewalt'. Die öffentlich sich zeigende, über Körper- oder
Raumbedrohung sich ausagierende Gewalt innerhalb unserer Lebensordnungen
haben wir jedoch unter Abgewöhnung, Beobachtung und Strafe gestellt. Dennoch ist es nicht gelungen, die öffentlich verpönte Gewalt endgültig auszumer-
zen, im Gegenteil – die Gewaltbereitschaft nimmt zu, sicherlich auf die gesamte
Gesellschaft verteilt, aber auch unter Jugendlichen. Gleichzeitig treffen wir
jedoch immer mehr Jugendliche, die sehr wohl ein Fehlverhalten wie Gewalttä-
tigkeit erkennen und brandmarken und sich davon distanzieren. Sie ziehen sich
dann zurück und überlassen denen das Feld, die andere Modi der Selbstdar-
stellung bevorzugen. Körperpräsentation mit aggressiven Zeichen oder Rückzug
in den privat- domestizierten Raum sind dabei nur zwei extrem gezeichnete Ver-
haltensmöglichkeiten, die Kindern, vor allem dann auch Jugendlichen, offen-
stehen und von ihnen auch benutzt werden. Möglich ist es ja auch, über die
intermediäre Struktur von Verbänden und Organisationen eine Art loser Netz-
werkgeselligkeit einzuüben, die nicht nur die Gesundheit stabilisiert (über die
aktive Mitgliedschaft in Sportvereinen und sportliches Tun), sondern auch die

Karriere fördert, durch Einüben in sozial-geselliges Verhalten und die Neuge-
winnung von Kontakten. Wer auch dieses Muster verabscheut, wird es vielleicht
bevorzugen, in jugendlichen Subkulturen sein Ich auszubauen und erlebbar zu
machen. Wer als Punk sich kostümiert, hat den nicht mehr durch Protest sich
ausagierenden, sondern durch radikales Infragestellen sich manifestierenden
Rückzug gewählt in eine lose vernetzte Gruppierung, die alle Lösungen für
Biographien infrage stellt, lächerlich macht oder zumindest relativiert. Die
Bricolage (bastelnde Zusammenfügung) von Hakenkreuz und christlichem Kreuz
an der gleichen Jacke etwa demonstriert, daß Bekenntnisse, welcher Art auch
immer, zu nichts mehr nützlich sind. Wer solche Resignation nicht möchte, kann
sich dann in der eher hedonistisch orientierten Techno-Szene wohlfühlen, die
gerade in Deutschland Ende der 90er Jahre zum jugendkulturellen Ereignis
geworden ist. Weniger Kritik als momenthaftes Sich-Ausleben in unverbindli-
cher, aber angenehmer Freundlichkeit allem und allen gegenüber ist hier die
Möglichkeit, eine Ich-Konstruktion zu erproben oder ‚die Momenthaftigkeit'
von Leben zu genießen.

Es gibt also keinen festen Fahrplan durch die Jugendphase mehr. Dies wider-
spricht keineswegs der eben beschriebenen Domestizierung der Kindheit. Diese
setzt sich jedoch nicht automatisch ins Jugendalter fort (kann dies aber!), einfach
deshalb, weil die Jugendphase sich zunehmend entstrukturiert. Nicht nur die
zeitliche Verlagerung der Pubertät, das Ausagieren jugentypischer Verhaltens-
weisen schon in der späten Kindheit, macht die Grenzen zwischen Kindheit und
Jugend unscharf; die Jugendphase dehnt sich auch in die höheren Jahrgänge
hinaus aus, bis in die dreißiger Lebensjahre. Grund dafür ist vor allem die gestiegene Verweildauer im Bildungssystem. Im Jahr 1962 besuchten cirka 70 % aller
Jugendlichen die damalige Volksschule, nur 30 % besuchten weiterführende Schulen. In den 80er Jahren hat sich das Verhältnis umgekehrt. Jetzt sind es 70 % aller
Jugendlichen, die weiterführende Schulen besuchen und sich nach ersten Abschlüssen weiterqualifizieren, so daß für viele die Schul- und Bildungszeit bis
weit in die 20er ja 30er Jahre hinein dauert. Vor allem Mädchen kompensieren
ihre traditionellen Benachteiligungen im Bildungsbereich. Mit solchen ‚Verlänge-
rungen' der Jugendphase geht eine zunehmend schwierige Eingliederung in das
Berufsleben einher. Die Entkoppelung von Bildung, Ausbildung und Berufs-
tätigkeit ist in vollem Gange. Nicht nur der Mangel an Ausbildungs- und Ar-
beitsplätzen ist hierfür Ursache. Es gibt auch sozial-psychische Barrieren, über-
gangslos vom Lernen in einen festgelegten und festlegenden Beruf zu wechseln.
Denn in einer Gesellschaft, in der ‚Selbstverwirklichung' oben an steht, ist das
Anspruchsverhalten auch gegenüber Berufen enorm gewachsen: Die Entscheidung für einen ‚endgültigen' Beruf wird häufig aufgeschoben, oder ein bisher
‚ausprobierter' Beruf wird ebenso gewechselt wie die jugendkulturelle Szene.
Solche berufliche Instabilität legen wir in das späte Entwicklungsalter der
Postadoleszenz: Es handelt sich um eine wachsende Zahl von Jugendlichen, die

früher ‚Erwachsene' genannt wurden, weil sie kulturell, politisch und in der Gestaltung ihrer Lebensformen autonom und selbständig zu sein beanspruchen und pädagogischer Aufsicht nicht mehr zugänglich sind. Ökonomisch jedoch und in der Verbindlichkeit einer endgültigen Lebensplanung sind sie häufig noch abhängig, nicht festgelegt und daher nicht zu definieren. Definierbarkeit, Regelhaftigkeit und Verpflichtung zum Ausagieren übernommener Rollen bestimmen das Erwachsensein. Heute jedoch sind jugendtypische Erlebnisformen für Menschen in Altersphasen verbindlich, die früher ‚erwachsen' genannt worden wären.

Diese Verlängerung der Jugendphase mit jenen Unbestimmtheiten hat zur Folge, daß Heranwachsende heute in einem unübersichtlichen Gelände leben. Jugend ist kein psychosoziales Moratorium klassischer Formen mehr. Dem läuft ein zweites Phänomen parallel, nämlich die Zunahme von Individualisierungsprozessen (vgl. Kapitel 2). Die durch lebensweltliche Bindungen und soziale Herkunft organisierten Kommunikations- und Erziehungsbeziehungen werden nämlich zunehmend unverbindlich. Sei es das katholische, das sozialdemokratische Milieu, ein Arbeitermilieu oder ein Bildungsmilieu: sie alle legen die neue Generation nicht auf ihre Regeln fest; die Betonung des ‚Lebensstils' und die Debatten um seine Bedeutung zeigen ja, daß jeder prinzipiell frei wählen kann, welches kulturelle Milieu er für sich haben möchte. Wenn lebensweltliche Herkunftsbindungen schwächer werden, wird die Ebene der nicht durch Schicht, Herkunft, Tradition erfahrenen Beziehungen um so stärker.

Dies wird deutlich am Medienverhalten Jugendlicher. Die interpersonale Kommunikation hat sich gerade im letzten Jahrzehnt entschieden verändert. Medienkommunikation trifft in modernen Gesellschaften kaum auf lokale und homogene Gruppen, deren Kultur die Wirkung der Massenmedien begrenzt. Die Verarbeitung der Medieninhalte findet, wie schon gezeigt, in weit verzweigten Kommunikationsnetzwerken statt. Bei Jugendlichen sind in diesen Netzwerken zu finden: Schulkameraden, Eltern und Elternhaus, Gleichaltrige, Institutionen aller Art, Freizeitangebote im Feld von Konsum und Kommerz. Wir hatten bereits gesehen, daß ‚unmittelbare Beziehungen' gerade über Medien eine wachsende Bedeutung haben, da es ererbte und festgefügte Lebenswelten weniger gibt als in anderen Zeiten. Das Feld, in dem Jugendliche ihre Idenfikations- und Imitationsmodelle finden, wird durch die Medien zunehmend grenzenlos und offen. Die parasoziale Interaktion mit den Idolen und Mythen der Medien ist in der Handlungswirklichkeit des jugendlichen Mediennutzers relativ diffus, zufällig und in ihren Handlungskonsequenzen unverbindlich. Eine wachsende Zahl von Lebensbereichen unterscheidet sich in Wertorientierungen, Stilen und Handlungsformen. Es geht da um äußerst unterschiedliche Szenen. Ein durchschnittlicher Tagesverlauf eines 16jährigen Jungen sieht beispielsweise so aus: Aufstehen und ‚fertigmachen für den Tag' im Elternhaus (CD-Musik und Radiobegleitung, Blicke in den Fernseher, ins Mtv- oder VIVA-Spartenprogramm oder ins Mor-

genmagazin); Fahrt zur Schule (begleitet vom Walkman); Unterricht mit Pausen
(Zusammentreffen mit Gleichaltrigen, Kofferradio, Austausch von Neuigkeiten
über die Charts etc.); Heimweg ins Elternhaus; zu Hause kurze Entspannungs-
phase, vielleicht Mittagessen mit anwesenden Familienangehörigen (dazu: Radio,
CD, Fernsehen); Phase der Schularbeiten (begleitet von ‚Sounds' unterschiedlicher Art, meist Radio, CD-Player, Cassettenrekorder); längeres Telefonieren
(Verabredung für den Abend, das nächste Wochenende, Austausch von Nachrichten etc.); kurzes Abendessen (Fernsehbegleitung); Verlassen des Hauses mit der
Kombination von Schaufensterbummel, Kneipenbesuch, Kinobesuch und an-
schließendem Besuchen eines Freundes (neueste CDs etc.); Zubettgehen (mit dem
Walkman als Begleiter fürs Einschlafen). – Ein solcher ‚Alltag' (als Modell) ist
im Gegensatz zu früheren Zeiten sehr variantenreich (Termine der Jugendgruppe,
im Sportverein, in der Musikschule, beim Nachhilfelehrer etc. sind gar nicht
berücksichtigt). Andererseits sind sie zwar auch – in gewisser Weise – ‚stan-
dardisiert'; aber die Erlebnisquanten, die begegnen (welche Musikstücke gehört
werden, Neuigkeiten oder bestätigende Wiederholung; welche Spannungen aus
den unterschiedlichen sozialen Ausschnitten, von der Schule über das Elternhaus
bis zum Freizeitbereich, ausgetragen werden etc.) wird in der ‚Außenform' nicht
sichtbar. Der ‚Alltagsablauf' ist wenig auffällig; aber er wird *biographisiert*
erlebt, also als ein Ablaufmodell, über das nur der jeweils Betroffene verfügt und
von dem er auch nur begrenzt hofft, daß andere es teilen. Zwischen die struktur-
losen Leer- und Zwischenräume sozialen Handelns mit ihren unterschiedlichen
Orientierungsinseln nisten sich zudem soziale und emotionale Krisenerfahrungen
ein, für deren Verarbeitung es keine ausgearbeiteten Muster gibt. Handlungen
sind darum nicht mehr stringent auseinander ableitbar. So verliert auch die
Zivilisierung, aufs Ganze gesehen, an Verbindlichkeit, sofern an bestimmte, für
alle geltende Inhalte gedacht ist. Auch hier wissen wir nicht – und es gibt keine
verläßlichen Prognosen –, wie diese strukturellen Veränderungen von Lebens-
läufen sich auf den einzelnen, aber auch auf die gesellschaftliche Ordnung
auswirken werden. Die modernen Völkerwanderungen, die zu interkulturell
aufgeschichteten Gesellschaften führen, verstärken diese Offenheit. Sie kann als
Gefahr, aber auch als Chance gesehen werden, aber es gibt kein Regelwerk
vorab, das eine klassifizierende Evaluation vorgibt und damit Ordnung in die
chaotische, vielleicht auch produktive Unübersichtlichkeit der Dinge bringt.

5.2. Antworten der Medienpädagogik: Projektarbeit

Die Gegenwart, aber auch die Zukünfte unseres sich ausdehnenden Informationszeitalters bedürfen keiner reglementierenden Überwachung oder kulturkritischen Ablehnung. Beide erreichen nichts. Sehrwohl aber besteht Regelu-
lungsbedarf insofern, als die Freiheiten des handelnden Individuums, die die

neuen Medienszenarien schneller machen und enträumlichen, gewahrt bleiben muß. Das Spannungsfeld zwischen Domestizierung und Leerraum; zwischen individualisierender Biographisierung und Gemeinschaftsfähigkeit im Nahbereich; zwischen virtualisierender Globalisierung und den die Leiblichkeit einbegreifenden Nahkontakten; zwischen der Pluralisierung von Angebotsformen und Angebotsinhalten über die Medien und der Fähigkeit, angesichts der Optionenvielfalt auszuwählen, also Konsum und Selektion auszugleichen, kurzum: zwischen Multimedialer Kompakt-Präsentation mit Interaktionsherausforderung und den Nahraum einbeziehender Umsetzung von Erlebnissen und Erfahrungen in handhabbare, gemeinsam zu verantwortende Handlungskontexte ist immer erneut auszugleichen. Es liegt auf der Hand, daß auch Medienpädagogik hier Vorschläge machen kann. Sie würde meinen: *Medienprojekte* befinden sich im Fadenkreuz dieser Anforderungen. Medienprojekte erarbeiten und liefern nämlich Erfahrungen – unter Einbeziehung von Fantasie und Funktionslust von Kindern und Jugendlichen –, mit den neuen Medienwelten umzugehen, in sie einzudringen. Sie tun dies als ‚Projekte‘, wie sie im einzelnen auch angelegt sein mögen, jedoch immer dadurch, daß sie Medien, welcher Art auch immer, nicht als Konsum-Angebot darstellen, sondern als Herausforderung zu aktiver Verarbeitung. Indem sie den Umgang mit alten und neuen Medienkonstellationen einüben, rüsten sie das Subjekt mit Widerstandsmöglichkeiten über Erfahrung aus. Sie verfallen damit nicht in kulturkritische Ablehnung der neuen Kommunikationstechnologien (die nichts nützen dürfte und nicht einmal wünschbar wäre), beharren aber auf der Potentialität subjektiven Widerstands durch eigenverantwortliches Handeln und Entscheiden. Der Rückgriff auf „handlungs- und wahrnehmungsorientierte" Medienarbeit ist zwingend, weil sie es erlaubt, kommunikative Kompetenz und Medienkompetenz zusammenzubinden und auszuarbeiten (Beispiele für Medienprojekte: GMK-Rundbrief Nr. 39, 1996). Der Vorteil von Projekten ist, daß sie nicht vorab Antworten geben, aber dennoch Probleme und Erfahrungskonstellationen bearbeitbar machen – durch Thematisierung im pädagogischen Freiraum des Projekts, das nie nur ‚feststellt‘, sondern – so sagt es der Begriff – auch einen *Entwurf* enthält, davon nämlich, was Wirklichkeit jeweils sein könnte. Das Erstellen eines Programmkonzepts für einen Sender; die Erarbeitung einer Moderation zu einem politischen Thema; die gemeinsame Bildformulierung von Erfahrungen und deren Deutungen im Medium Video; die immaterielle Konstruktion von Soundkarten in der Techno-Bricolage; die Erarbeitung neuer Darstellungswege von abstrakten Signaturen in der Mathematik: die Fülle der Themen und Möglichkeiten ist fast unbegrenzt. Kinder und Jugendliche, die in Medienwelten leben, müssen also lernen, ein Medienausdrucksreservoir zu nutzen, das ihnen früh an die Wiege gelegt worden ist.

6. Diskussionspunkte gegenwärtiger Medienpädagogik

Die folgenden ‚Diskussionspunkte' sind nicht logisch aus dem bisher entwickelten theoretischen und sach- wie facherläuternden Referenzrahmen ableitbar; sehrwohl sind sie aber in ihn eingelagert zu denken. ‚Gegenwärtig' bezieht sich nicht auf monats- oder jahresbegrenzte Aktualitäten, sondern übergreifende Themenbereiche, die im medienpädagogischen Diskurs eine Rolle spielen. Sie werden hier exemplarisch dargestellt, um mit der Skizze medienpädagogischer Diskussionsfelder die Zuständigkeit dieser Disziplin dafür deutlich zu machen. Da die sich stellenden Themen nicht aus der Wissenschaft oder aus theoretischen Vorgaben ableitbar sind, sondern von der wirtschaftlichen, technologischen und sozialen Entwicklung jeweils neu gestellt werden (vgl. die ersten Seiten dieses Buches), ist insofern in der Genese eine Rückbindung an wissenschaftliche Fragenstellungen nicht denkbar; sehrwohl werden die medienpädagogischen ‚Diskussionspunkte' natürlich im wissenschaftlichen Rahmen erörtert. Darum war schon einleitend darauf hingewiesen worden, daß gerade die Medienpädagogik in ihrer disziplinären Verfaßtheit eher mit einer viel befahrenen Kreuzung zu vergleichen ist, die unterschiedliche Disziplinen benutzen.

Zudem ist darauf hinzuweisen, daß die Mehrzahl der an medienpädagogisches Raisonnement gerichteten Fragen und die ihm gestellten Aufgaben in der Regel ihren Ausgangspunkt nehmen von *Problemen,* und entsprechend werden die Diskussionspunkte grundiert werden müssen durch eine *Theorie sozialer Probleme.* Die theoretische Basisaussage besteht dann in der Behauptung, daß sozialer Wandel nicht selbstläufig akzeptierbare Lebensverhältnisse produziert, sondern spezifische Problemlagen entstehen können, die es zu lösen gilt. Es entsteht eine Kritik an der gewohnten Tradierung gesellschaftlicher Ordnungsstrukturen, die zu erkennen, zu deuten und zu bearbeiten sind. Darauf hinzuweisen ist, daß andere Ausgangspunkte theoretisch wie praktisch denkbar sind und dem Selbstverständnis der Medienpädagogik, wie sie sich Mitte der 90er Jahre fachlich darstellt, auch entsprechen würden. Gerade die neuen Stichworte ‚Multimedia' oder ‚Internet' deuten *produktive* Möglichkeiten der Medienentwicklung an; die Zulassung des Medien-Faszinosum, die Akzeptanz von Unterhaltung und Spaß an ihr gäben andere eher neue Diskussionslinien für die Medienpädagogik. Diese fänden sich schließlich auch bei der Erörterung von

kreativen oder innovativen Entwicklungsaufgaben, die von Entwicklungs*chancen*
und affektiven Bedürfnissen ausgehen würden, nicht aber von Problemlagen.
Die fachliche Zuständigkeit der Medienpädagogik hat sich insofern erweitert
(siehe letztes Kapitel). Auch die Erörterung von ‚Problemlagen' wird, der
bisherigen Darstellung folgend, nicht im Rahmen eines kulturkritischen Impetus
erfolgen, also in einer immer wieder stillschweigend vorausgesetzten Gefährdung durch Medien, sondern in einem sachlich abwägenden Verfahren, das die
neuen, durch Medien hervorgerufenen sozialen, kulturellen und ästhetischen
Konstellationen zwar kritisch gewichtet, ohne die Augen vor vielleicht positiven,
beispielsweise Kindern und Jugendlichen nützlichen, weil ihre Erfahrungswelt
erweiternden und bereichernden Dimensionen zu verschließen.

6.1. Zur Zukunft des Lesens und der Lesekultur

Die für die Jugend der Bundesrepublik repräsentative Daten enthaltende Shell-
Studie „Jugendliche + Erwachsene '85" konstatiert: „Ein Ende der Lesekultur
läßt sich, was die Bundesrepublik Deutschland angeht, gegenwärtig bei Jüngeren
nicht konstatieren. Eine solche Feststellung ginge schon an der Entwicklung des
Marktes im Bereich der Print-Medien vorbei, die dahingeht, daß in den 70er
Jahren das Bücher- und Zeitschriftenangebot für Kinder und Jugendliche (weiter) expandierte" (Bd. 2, S. 189). Vergleiche des Freizeitverhaltens in Studien aus
den Jahren 1954 und dreißig Jahre später, aus dem Jahr 1984, zeigen deutlich,
daß zu den „liebsten Freizeitbeschäftigungen" bei Jugendlichen *beider* Alters-
kohorten in erster Linie das Lesen von Büchern, sodann sportliche Betätigung
stehen (ebd., S. 190f.). Auch der Buch*besitz* hat bei Jugendlichen nicht abge-
nommen, im Gegenteil. Im Jahr 1978 besaßen 13- bis 17jährige bis zu 38 %
mehr als 20 Kassetten und/oder Schallplatten, und immerhin 62 % der gleichen
Altersgruppe besaßen *mehr* als 20 eigene Bücher – beide Zahlen im Vergleich
zu 1958, als es noch nicht so viele Medien gab, so daß die Annahme nicht fern
liegt, Buchbesitz und Bücherlesen habe in den 50er Jahren eine erheblich
größere Rolle gespielt. Dies ist offensichtlich den Zahlen folgend nicht der Fall.
Insgesamt zeigen alle vorliegenden Daten, daß dem auffälligen Medien*wachstum*
(Vermehrung des Medienangebots) eine, insgesamt betrachtet, sehr pluralistische
und ziemlich ausgewogene Mediennutzung Jugendlicher entspricht; Jugendliche
verteilen ihr *Zeitbudget* also auf verschiedene Medien. Auch hier bestätigt sich
die auch sonst geäußerte und inzwischen immer wieder belegte These, daß neue
Medien alte nicht verdrängen, sondern ergänzend hinzukommen und die Varianz
der Nutzung erhöhen. Natürlich gilt diese Regel nur tendenziell; das Kino hat
ganz offensichtlich durch das Aufkommen des Fernsehens gelitten.
     Genauere Analysen zeigen auch im Lesebereich Brüche, Verschiebungen und
Problempunkte. Zunächst: Bücherbesitz und Lesekultur wurden und werden

stark beeinflußt durch die beiden pädagogischen Institutionen Familie und Schule: „Die Kultur des Bücherlesens und die Einstellung zum Schulbesuch hängen eng miteinander zusammen. Kinder und Jugendliche im Alter von 6 bis 17 Jahren, die häufig Bücher lesen, gehen lieber zur Schule als diejenigen, die selten einmal Bücher lesen. Ebenso verhält es sich mit der Einstellung zum Deutschunterricht. Die häufigen Bücherleser mögen das Fach durchschnittlich lieber als die seltener Bücherleser" (so schon Steinborn 1979, S. 20). Dies bedeutet: Bücherlesen ist ein soziales Selektionskriterium. Haupt- und Sonderschüler sind hier gegenüber den GymnasiastInnen im Nachteil. Diese Benachteiligung scheint sich eher zu vertiefen (vgl. Knowledge-Gap-Hypothese).

Mindestens ebenso bemerkenswert ist eine *geschlechtstypische* Differenzierung. Denn vor allem Mädchen und junge Frauen sind leidenschaftliche Leserinnen (1954: 42 %; 1984: 41 %, nach eigenen Angaben). Der Anteil der *gern*lesenden *männlichen* Jugendlichen ist hingegen von (auch 1954 schon geringeren) 27 % auf 19 % zurückgegangen (Shell-Studie, Bd. 2, S. 190). Daß Mädchen mehr lesen, mag auch mit dem ihnen zugeschriebenen *Sozialcharakter* zusammenhängen: Sie sind mehr zu Hause, auf Ausgleich bedacht, zurückhaltend, für Emotionalität zuständig. Jungen bewähren sich eher im Handlungsbereich, im Sport, im Wettkampf, auf den Gebieten demonstrativer, öffentlicher Selbstdarstellungen. Fragt man, warum das Lesen trotz zunehmender Medien und Medienangebote nicht bemerkenswert verloren hat, bietet sich eine Erklärung als plausibel an: Das Schulsystem erfaßt zunehmend mehr Jugendliche für längere Zeit. Da das Schulsystem ein zentraler Vermittler der Schriftkultur ist, ist diese längere Verweildauer also ein wichtiger Grund dafür, daß Bücherlesen wichtig ist (auch dann wenn man die Schulbücher abzieht). Die Ausstattung mit ‚Bildungskapital' schlägt auch hier in wörtlichem Sinne zu buch. Es wäre freilich falsch – wie die Shell-Studie „Jugend + Erwachsene '85" als Schlußfolgerung nahelegt – zu meinen, daß das Leseinteresse im Zusammenhang des Mediengebrauchs durch die Schule gesichert sei. Schulbezogenes Lesen definiert zum einen nicht die Lesezukunft eines Menschen; viele lesen, nachdem sie die Schule verlassen haben, entschieden weniger oder andere Bücher (dann vor allem berufsbezogenes Fachschrifttum). Hinzu kommt, daß die Schule in Hinsicht auf *männliche* Jugendliche immer weniger in der Lage zu sein scheint, Lese- und Bücherinteresse nachhaltig zu wecken. Mädchen sind hier eher zugänglich, und sie sind es auch, die insbesondere Belletristik (Romane, Lyrik) bevorzugen. Sie tragen zur Stabilisierung des Bereichs ‚Schöne Literatur' bei. Dieses tun sie freilich in Ausübung ihrer Geschlechtsrolle, wie schon dargelegt. *Insofern* ist ihr Leseverhalten *auch* problematisch. Hinzuzufügen ist, daß Antworten zum Leseverhalten in Umfragen nicht mit tatsächlichem Leseverhalten identisch sein müssen, denn Lesen stellt einen hohen Prestigefaktor dar, und ihm wird daher generell und unabhängig von den eigenen Handlungsinteressen ein hoher Wert beigemessen.

Freilich wird diese Einschätzung (wie oft im pädagogischen Raum) nicht durchweg geteilt. Die zweibändige Untersuchung zu „Lesesozialisation" (1993), die von der Bertelsmann Stiftung erstellt und herausgegeben wurde, wird mit folgenden Worten eingeleitet (Bd. 1, S. 7): „Lesen gilt nicht nur Literaturpäbsten als Schlüssel zur Medienkultur. Auch Bildungspolitik, Pädagogen und Medienexperten wissen um seine Bedeutung und zeigen sich besorgt, weil der Bildungsboom der 80er Jahre die Leserzahl nicht nennenswert hat wachsen lassen. Die Gruppe der regelmäßigen Leser steigt auch heute nicht über ein Viertel der Bevölkerung, während 50 Prozent der Deutschen nur gelegentlich lesen und ein Viertel der Bevölkerung weitgehend auf das Buch verzichtet. Repräsentative Untersuchungen zum Mediennutzungsverhalten zeigen zudem, daß die Bundesbürger in den alten wie in den neuen Bundesländern ihr Zeitbudget für die Buchlektüre einschränken, während immer mehr Zeit mit den elektronischen Medien verbracht wird. Die Lesekultur präsentiert sich zu Beginn der 90er Jahre sensibel und fragil." Die Studie fragt darum in drei Teilprojekten,
– was es braucht, Leser zu werden (Leseklima in der Familie);
– was es bedeutet, Leser zu sein (Lesen im Alltag von Jugendlichen);
– was dabei hilft, Leser zu bleiben (Lesekarrieren, Kontinuität und Brüche).
Die Studie zeigt deutlich, daß die kulturellen Medienpraxen in der Familie auch die Kinder wesentlich beeinflussen. Dabei gilt nicht mehr einfach und linear, daß in Familien, die viel fernsehen, weniger gelesen wird. Zwar ist dies in der Regel dann der Fall, wenn die Ausstattung mit ‚Bildungskapital‘ niedrig ist. Die Untersuchung hingegen fand neben „Intensivnutzern von Büchern" (27 %), die Fernsehen im Vergleich zu anderen Gruppen am seltensten nutzen, auch eine fast gleichgroße Gruppe von „Intensivnutzern vieler Medien" (24 %), die gleichzeitig über die höchste Medienausstattung verfügen (Printmedien und elektronische Medien). Während das oberste Bildungsniveau immer noch ein eher reines ‚Bücherniveau‘ ist, sind die „Intensivnutzer weniger Medien" (12 %) vor allen Dingen an Fernseher, Radio, Stereoanlage und Videorekorder gebunden; solche Familien verfügen über die geringste Medienausstattung, und das untere Bildungsniveau ist bei ihnen überrepräsentiert; Eltern der oberen Bildungsschicht sind hier nicht zu finden (ebd., S. 36f.).

Da es häufig zum Leseabbruch kommt, ist die Habitualisierung des Lesens ein wichtiges Ziel der Leseförderung. Hier ist das elterliche Verhalten (wie auch hinsichtlich der übrigen Medien) maßstabsetzend. Vorschuleinrichtungen aller Art müssen also bereits die Eltern dahingehend beraten, neben anderen Medien auch die Bücher reichlich zu nutzen. Unverzichtbar ist die Schule; obwohl der von ihr angebotene Lesestoff nicht nur Beifall findet, ist sie doch der Ort, an dem alle Kinder in die Lesekultur eingeführt werden können. Darüber hinaus müssen Kinder, später Jugendliche jedoch in einem leserfreundlichen Klima aufwachsen, damit sie nicht auf andere Medien ausweichen. Lesen ist immer noch die Voraussetzung für erfolgreiche Berufskarrieren und Erfolg (neben der persönlichen Bereicherung durch Ausweitung des geistig-ästhetischen Horizontes). Die Studie endet im zweiten Band mit folgenden Aussagen zu „Lese-Rückkehrern", also Personen, die einmal gelesen haben, davon abließen und nun zurückgewonnen wurden: diese ähneln in ihrer Leseintensität und -motivation den kontinuierlichen Lesern, und so finden sie „denn auch nicht selten dank entsprechender Anregungen aus ihrem Bekanntenkreis oder dank Buchgeschenken erneut zu ihrem früheren Leseinteresse zurück, das sie oft nur unter dem Zwang zeitweiliger Umstände preisgegeben haben. Hier, wie in allen anderen Situationen, gilt es, wo immer möglich, Lesechancen für Jugendliche wie für Erwachsene zu schaffen, damit jedes Individuum die Chance Lesen packen und dauernd nutzen kann" (Bd. 2, S. 372). Auffällig ist (auch) an dieser Studie, daß eine Fülle von Daten und Differenzierungen geboten wird, während die medienpädagogischen Strategien zur Leseförderung relativ blaß und allgemein bleiben. Daher ist es dringend notwendig, Modelle der Leseförderung, positive Erfahrungen mit der Lesekultur etc. zu sammeln und zu dokumentieren, um auf diese Weise medienpädagogische Handlungsmöglichkeiten zu erschließen: durch Anregung über geglückte Modelle und Projekte.

6.2. Agenda-Setting

Die Agenda-Setting-These stammt aus den Kommunikationswissenschaften und geht von der Beobachtung aus, daß, was wir thematisieren und wahrnehmen, nicht durch eigene, unmittelbare Erfahrungen produziert wird, sondern weitgehend durch mediale Aussagen bestimmt ist: Die Medien (ihre Macher, Auftraggeber und Kontrolleure) bestimmen, worüber die Mehrheit spricht und was als ‚bemerkenswert' zu gelten habe. Da nicht widerspiegelungstheoretisch davon auszugehen ist, daß alles, was Menschen betrifft und für sie wichtig ist, auch in den Medien entsprechend wiedergegeben wird – zumal es für verschiedene Menschengruppen unterschiedliche Relevanzen gibt –, sondern hier Selektion stattfindet (häufig nach den Interessen bestimmter Kontrollinstanzen), ist die medienpädagogische Frage zu stellen: Welche Möglichkeit der Wirklichkeitskonstruktion und Wirklichkeitsteilhabe steht Menschen heute zur Verfügung? Wer diese Frage stellt, verbirgt in ihr auch ein Postulat: Daß ‚Öffentlichkeit' nur dann wahrhaft vorhanden ist, wenn sie nicht von wenigen produziert, sondern von möglichst vielen als zugänglich und gestaltbar erfahren wird. Diese aus der Aufklärung stammende Forderung – jeder Mensch sei fähig, sich seines eigenen Verstandes zu bedienen, wenn man ihm dieses erlaube, und deshalb als „mündiger Staatsbürger" anzusehen – läßt Medienpädagogik danach fragen, wer eigentlich heute die Themen der öffentlichen Debatte bestimmt und nach Wegen suchen, die Teilhabe unterschiedlicher Gruppen an den Möglichkeiten öffentlicher Artikulation zu verbessern.

Auch hier eröffnet sich für medienpädagogisches Raisonnement ein weites Feld. Natürlich selegieren die Medien und bestimmen damit mit, was wir erfahren. Es gibt Konjunkturzyklen für Themen, die meist sehr kurzfristig sind (Aids wurde eine Zeit lang in allen Medien behandelt, dann als ‚gewohntes Übel' fast verschwiegen; im Sommer 1996 wurde das Thema ‚Kindesmißbrauch' Mittelpunkt – mit sicherlich kurzer Medienkarriere). Über Europa erfahren wir mehr als über Asien, und entsprechend entwickeln wir ein eurozentrisches Weltbild. Freilich, hätten wir die Medien gar nicht, wüßten wir nur etwas über die Dinge, die in unserer unmittelbaren Umgebung geschähen. Dann wäre die Wertfrage: Ist es besser, nur das zu wissen, was einen unmittelbar im Erlebnisnahraum angeht, oder sollte über den Rand der eigenen Biographiekonstruktion geschaut werden, um die Welt zu verstehen und sich in ihr autonom zu bewegen? Diese Frage ist leicht zu beantworten: In einer mobilen Reise-Gesellschaft, in einer durch Konzerne wirtschaftlich und technisch verbundenen Weltgesellschaft ist kompetente Teilnahme nur durch ‚Wissen' möglich, das den eigenen Erlebnisraum überschreitet. Die Frage, was aus der Fülle des Wissens auszuwählen sei, stellt sich freilich dann als nächste. Schon von der Schule wissen wir, daß die Hinzufügung immer neuer Fächer eher zu einer additiven Desorientierung führt als zu einem integrierten Bescheidwissen. Könnte es sein, daß die neuen ‚Bildungsserver' in den Computernetzen in der Kombination von Ton, Bild, Schrift und Graphik schnellere Lernwege erschließen? Auch hier stellt sich freilich die Frage: Wer ist es, der über die Angebote die ‚Tagesordnungen' des alltäglichen Lebens lenkt und bestimmt. Ist einer Schulverwaltung eher zu trauen als einem Privatanbieter? Im erweiterten Diskussionsfeld um das ‚Agenda-Setting' zeigt sich wieder (wie überall), daß Zielkonzepte und organisatorische Bedingungen medienpädagogisches Gruppenhandeln bedingen und überwölben und entsprechend die Reichweite medienpädagogischer Reflexion und der aus ihr abgeleiteten Praxis erheblich ist.

6.3. Die Wissenskluft

Diese These (Knowledge-Gap-Hypothese, zu deutsch: Wissenskluft) schränkt die Annahme ein, daß die Verbreitung der Medien eine besser informierte und aufgeklärtere Gesellschaft mit sich bringen würde. Bonfadelli, der unter anderem die These für den deutschsprachigen Raum entwickelt hat, stellt dazu fest (1980, S. 179): „Wenn der Informationszufluß in ein Sozialsystem wächst, tendieren die Bevölkerungssegmente mit höherem sozioökonomischen Status oder höherer formaler Bildung zu einer rascheren Aneignung dieser Information als die status-und bildungsniederen Segmente, so daß die Wissenskluft zwischen diesen Segmenten tendenziell zu- statt abnimmt." Nach Bonfadelli gleicht die breitere Medienberichterstattung nicht den Wissensunterschied zwischen Höher- und

Niedrigergebildeten aus, sondern sie vergrößert ihn sogar noch. Diese These ist zum einen durch Diffusionsuntersuchungen belegt, wonach gebildete Menschen eher aktuelle und wichtige Themen erfahren und sich mit ihnen auseinandersetzen als weniger gebildete. Die Erweiterung von Fernseh-Programmangeboten führt zu der Beobachtung daß insbesondere Arbeitslose, alte Menschen und Personen, die sich in sozialer Isolation oder Desorientierung befinden, dazu neigen, das erweiterte Medienangebot nicht produktiv zur aktiven Orientierung und zur Handlungsstimulierung zu nutzen, sondern im Gegenteil unter zunehmendem Handlungsentzug leiden. Die Vermehrung der Programmangebote durch Privatfernsehen macht dies besonders deutlich. (Reichhaltiges Material für die Bundesrepublik findet sich im dreibändigen Bericht der Wissenschaftlichen Begleitkommission für das Kabelpilotprojekt Dortmund, insbesondere im zweiten Band, erschienen 1989 und über die Staatskanzlei des Landes Nordrhein-Westfalen vertrieben). Auch die Begleitforschung der Evangelischen Kirche „Kommunikationsverhalten und Neue Medientechniken" zum Kabelpilotprojekt Berlin hat gezeigt, daß Zuschauer, die fast vollständig auf die privaten Programmangebote von SAT 1 und RTL plus umgestiegen sind, sich emotional noch stärker als andere Zuschauergruppen an das Fernsehen gebunden fühlen und das Fernsehen zur dominanten Freizeitbeschäftigung geworden ist. Als Folgen der Programmvermehrung für die Familie konstatiert der Forschungsbericht: „Bei allen erwachsenen Zuschauern wird – unabhängig von ihren Programmvorlieben – auch bei mehreren Fernsehgeräten im Haushalt weiterhin gemeinsam ferngesehen; allerdings gibt es häufiger Abstimmungsschwierigkeiten bei der Programmauswahl. Eine Tendenz zu isolierter Fernsehnutzung ist jedoch bei Kindern und Jugendlichen zu erkennen. Durch die Ausweitung der Fernsehnutzung werden bei einem Teil der privat orientierten Zuschauer andere Freizeittätigkeiten verdrängt. Durch die spätgesendeten Serien und Filme entfällt z.B. das Lesen als Einschlafritual. Offenbar kommen die Spätsendungen mit meist anspruchslosem Inhalt dem Bedürfnis, am Abend abzuschalten, entgegen. Die Ausweitung des Spielfilmangebots und der Musiksendungen führt bei jenen Zuschauern, die schon zuvor selten ins Kino, ins Konzert oder Theater gegangen sind, zum fast völligen Verzicht auf den Besuch kultureller Veranstaltungen. Allerdings spielen hier auch andere Faktoren wie z.B. das Kinosterben in den städtischen Außenbezirken und die als zu hoch empfundenen Eintrittspreise eine Rolle. Dieses gilt wiederum in erster Linie für die privatorientierten Zuschauer, die zu den geringerverdienenden zählen" (Schmidt 1989, S. 507). Ganz anders verhalten sich Zuschauer, die mit Hilfe des Kabelanschlusses erweiterte Mischangebote vorziehen und ohnehin gewohnt sind, auch Zeitungen und Bücher zu lesen. Sie nutzen die erweiterten Programmangebote ebenso kritisch auswählend und ohne ihre sonstigen Freizeitaktivitäten einzuschränken oder kulturelle Alternativen auszublenden, und wenn sie einen Computer anschaffen, meist nicht, um sich und ihre Kinder durch Computerspiele zu entlasten, sondern um das Gerät zum besseren Alltagsmanagement oder beruflich oder für die zukünftige Karriere zu nutzen. Dies ist die – begründete und immer wieder belegte – Annahme, die von der Wissenskluft-These formuliert wird: Während eine kommunikativ ohnehin aktive, im Bildungsbereich meist besser ausgestattete Gruppe von Menschen die neuen Medienangebote produktiv für sich nutzt, ist eine andere Gruppe, mit geringem Aktivitätspotential und Bildungskapital ausgestattet, dazu nicht in der Lage, im Gegenteil: Die Vermehrung von Medienangeboten führt zur Verarmung unmittelbarer kommunikativer Kontakte und Tätigkeiten. Es findet also eine Einschränkung der Lern- und Entwicklungschancen statt.

Folgen wir diesen Befunden, steuern wir möglicherweise auf eine Zwei-Drittel-Gesellschaft zu, freilich nicht materiell getrennt (dies vielleicht auch), sondern symbolisch, über die Formen der Mediennutzung. Während die Mehrzahl die erweiterten Angebote für sich nutzt, gibt es eine nicht kleine Zahl von Menschen, die im repetetiven Muster ihr Genüge findet und die Medien nur zur Bestätigung des einmal gewählten Lebensstils nutzt, ohne sich noch fortzubewegen. Auch hier stellen sich Wertfragen: Warum müssen wir in einer Informationsgesellschaft alle an allen technologischen Entwicklungen partizipieren? Sollte es nicht jedem Menschen freigestellt sein, sich den Medien zu verweigern, beispielsweise keinen Computer anzuschaffen und nicht im Internet zu surfen, sich stattdessen allenfalls einige Telespiele zu kaufen und sich den Abend mit Actionfilmcassetten zu versüßen? Freilich bedeutete dieses Gewährenlassen, daß solche Menschen – abgesehen davon, daß sie auch subjektiv oft belastet, also nicht durchweg ‚glücklich‘ sind – an der gesellschaftlichen Herrschaftsverteilung nicht teilhaben und sich von anderen sagen lassen müssen ‚wo es lang geht‘. Die Medienpädagogik geht von dem Postulat aus, daß es nicht erlaubt ist, kommunikative und Medien-Kompetenzen verwahrlosen zu lassen. Wenn dies gilt, ist freilich ein großes Programm notwendig, um diese zu fördern.

6.4. Kommunikationskulturelle Problemlagen

Mit dem Ausdruck ‚kommunikationskulturelle Problemlagen‘ sind kulturelle Konstellationen gemeint, die besonders Heranwachsende betreffen, die in komplexen Medienwelten aufwachsen. Die im folgenden knapp beispielhaft ausgewählten Überlegungen sind im wörtlichen Sinn essayistischer (versuchhafter) Natur. Sie können sich auf Beobachtungen, Beispiele, zum Teil auch global vermutete Tendenzen stützen, sind aber nicht durch exakt ermittelte Forschungsergebnisse zum menschlichen Medienverhalten abgesichert. Jede Pädagogik, auch Medienpädagogik, muß jedoch mögliche neuralgische Punkte und Erziehungsaufgaben *antizipieren* – also sensibel kulturelle Veränderungen registrieren.

6.4.1. Orientierungsdilemma zwischen Medien und Arbeitswelt

Ein Dilemma ist bekanntlich ein Handlungswiderspruch, der nicht auflösbar ist. Ein solches Dilemma läßt sich am Wertorientierungsgegensatz von Freizeitwelt (Medien/Konsum) und der Welt der Arbeit und Pflichten (Schule/Beruf) konstatieren. Es werden nämlich unterschiedliche Verhaltensstandards und Grundhaltungen gefordert. Pädagogische Einrichtungen (Schule, Berufsschule, Berufsausbildung) und Arbeitsplatz vertreten vorwiegend Tugenden wie: Selbstdisziplin, Leistungsstreben, Selbstkontrolle, soziale Verantwortung, rationale Beweisführung, moralische Autonomie, Ernsthaftigkeit in der Lebensführung. Die Medien-, Konsum- und Modesphäre fordert entgegengesetzte Grundhaltungen: Bereitschaft, Geld auszugeben; Leben für den Augenblick; Suchen nach Intensität; Selbstverwirklichung; Narzißmus und Hedonismus; Vorrang von Emotionalität und Eros.

Dieses Orientierungsdilemma verdankt sich einem strukturellen Widerspruch. Während Arbeitswelt und Daseinsvorsorge des Sozialstaates auf disziplinierende Tugenden angewiesen sind, bedarf der Staat für das Funktionieren seiner Wirtschaft einer Unterstützung durch die Binnenmärkte. Jugendliche haben das Problem, heute in ihren Wertorientierungen ganz verschiedene Lebenskontexte in ihren Widersprüchen und Brüchen auszuhalten. Sie können das Dilemma zu lösen versuchen, indem sie Werte der hedonistischen Freizeitwelt in die Berufswelt transportieren (oder umgekehrt). Das sind jedoch schwierige Lösungen. Eine andere Lösung wäre, den Widerspruch als gegeben hinzunehmen und Arbeit und Freizeit (zu der Medienkonsum schon bisher konstitutiv gehört) als zwei Sphären rigoros zu trennen. Dieses tun zweifellos viele Jugendliche (und natürlich auch Erwachsene). Medienpädagogisches Nachdenken muß dieses Problem deutlich machen und helfen, angemessene Lösungen zu finden. Das Zusammenwachsen verschiedener Medien, der Unterhaltungselektronik und von Lernsoftware etwa, über den Computer, die Ausweitung des Mediengebrauchs also in Arbeit und Betriebswelt hinein, könnte möglicherweise die Dilemmaerfahrung an den Medien selbst ausgleichen. Dieser Vermutung nachzugehen wäre sicherlich interessant.

6.4.2. Schwierigkeiten des Unterscheidens

Kindheit und Jugend, so die Botschaft, lösen sich als eigene Entwicklungsperioden auf. Am plakativsten hat der amerikanische Mediensoziologe Neil Postman (1983) diese These vertreten. Während zur Erfindung der Kindheit gehört habe, daß Kinder einen bestimmten Schutzraum haben; daß sie auf eine Zukunft warten, die für sie attraktiv ist (nämlich: erwachsen zu werden), fallen die Lebensbereiche von Kindern und Erwachsenen in unserer vergesellschafteten Medien- und Konsumwelt immer mehr zusammen. Die Dinge der äußeren Welt sind allen gleich nah. Das Fernsehen mache Kinder wie Erwachsene zu An-

alphabeten, denn das, was es zeige, sei allen in gleicher Weise zugänglich.
Postman: „Die Kindheit war (...) aus einer Umgebung hervorgegangen, in der
unter ausschließlicher Kontrolle der Erwachsenen den Kindern nach und nach
eine bestimmte Art von Informationen zugänglich gemacht wurde, und zwar in
einer Weise, die sie, wie man annahm, psychisch verarbeiten konnten. Die
Aufrechterhaltung der Kindheit war abhängig von den Prinzipien der kontrollier-
ten Wissensvermittlung und des folgerichtigen Lernens. Mit dem Telegraphen
setzte nun eine Entwicklung ein, in deren Verlauf dem Elternhaus und der
Schule die Kontrolle über die Informationen entrissen wurde. Damit veränderte
sich auch die Art von Imformationen, die Kindern zugänglich waren, es änder-
ten sich ihre Qualität und ihre Quantität, ihre Abfolge und die Bedingungen,
unter denen sie wahrgenommen wurden" (1983, S.86). Was mit dem Telegraphen begann, vollende sich heute in der Zeit der elektronischen Programmvermehrung – vor allem über das Fernsehen, denn wir können „feststellen, daß das
Fernsehen die Trennungslinie zwischen Kindheit und Erwachsenenalter aus drei
Gründen verwischt, die alle mit seiner undifferenzierten Zugänglichkeit zusammenhängen: Erstens, weil es keiner Unterweisung bedarf, um seine Form zu
begreifen; zweitens, weil es weder an das Denken noch an das Verhalten kom-
plexe Anforderungen stellt; drittens, weil es sein Publikum nicht gliedert (...).
Die neue, im Entstehen begriffene Medienumwelt beliefert jeden gleichzeitig mit
derselben Information. Unter den von mir beschriebenen Bedingungen ist es für
die elektronischen Medien unmöglich, irgendwelche Geheimnisse zu bewahren.
Ohne Geheimnisse, kann es so etwas wie Kindheit nicht geben" (ebd., S.94f.).
    Postmans globale Thesen sind umstritten (welche Bedeutung hatte etwa der
Telegraph für Kinder und Jugendliche in Hinsicht auf Informationszugäng-
lichkeit?), und sie sollten nicht als wissenschaftlich abgesicherte Aussagen
genommen werden (vgl. dazu Kapitel 3). Aber es handelt sich um zum Teil
plausible Denkanregungen, die auch, wenn man ihrer Überspitzung den Dorn
abbricht, auf neue Situationen hinweisen, in denen heute kulturell vermittelte
Aneignung der Umwelt geschieht. Folgt man Postmans Vermutung, könnten
Kinder und Jugendliche nämlich die wichtige Chance *zu unterscheiden* zunehmend weniger haben: Zu unterscheiden zwischen Information und Spannung
(denn in den Nachrichtenshows des neuen Fernsehens ist alles Unterhaltung);
oder auch zwischen eigenen Erfahrungen, den gezeigten Szenen und denen der
Eltern. Da schon Kinder fast alles wissen und alles haben, über das auch Erwachsene verfügen, gibt es keinen Grund mehr, das Erwachsensein als ‚Geheimnis‘ anzusehen. Da Erwachsene die gleichen Erfahrungen und Bilder speichern
wie ihre Kinder, können auch sie ihnen nichts anderes, Fremdes mehr erzählen;
die Gleichheit des emotionalen Informationsgefüges führt zur totalen Span-
nungslosigkeit zwischen den Generationen und damit zur Abschaffung des
Erziehungsverhältnisses, das immer von einem Gefälle zwischen Älteren und
Jüngeren ausgeht. Postmans Hinweise machen deutlich, wie wichtig die Fähig-

keit des Unterscheidens für jeden Erziehungs- und Bildungsvorgang ist. Die Gliederung von Kindheit und Jugend, von Jugend und Erwachsensein gibt eine lebenszyklische Ordnung. Außerdem: Nur in der Unterscheidung erleben Heranwachsende Grenzen, finden aber auch die Möglichkeiten heraus, wie sie diese Grenzen überschreiten können. Diese Spannung war grundlegend für das Heranwachsen in modernen Gesellschaften wie der unseren; es könnte sein, daß sich hier lebenszyklische Differenzierungen tatsächlich über die Mediatisierungsprozesse abschleifen. Wieder stellen sich recht praktische Fragen, die wieder schwer zu beantworten sind: Ist das ‚Generationengefälle' tatsächlich konstitutiv für den Aufbau menschlicher Gesellschaften? Handelt es sich um eine unerfreuliche ‚Verfrühung', oder ist es eher wünschenswert, daß Kinder schon früh keine besonderen ‚Geheimnisse' mehr kennen, die die Erwachsenen ihnen voraus haben?

6.4.3. Optionenvielfalt und Schwierigkeit, sich zu entscheiden

Der Erziehungswissenschaftler Hermann Giesecke (1983, S.119ff.) hat pointiert auf ein Problem aufmerksam gemacht, mit dem eine vergesellschaftete Freizeit konfrontiert wird: Es gibt heute eine fast unbegrenzte Beliebigkeit ganz unterschiedlicher Kulturangebote auf allen Ebenen, von der Unterhaltung bis ins Religiöse, und das hat zur Folge, daß es immer schwieriger wird, sich für etwas zu *entscheiden*. Denn wenn ich das eine tue, versäume ich das andere. Die Fernbedienung am Fernsehgerät oder Videorekorder ist ein kulturelles Symbol für die neue Situation. Ohne körperliche Bewegung kann jederzeit umgeschaltet werden. Gerade Kinder und Jugendliche wechseln, wenn es irgendwo ‚langweilig' zu werden droht, schnell das Programm, um ja nicht anderswo etwas zu verpassen. Denn für sie gilt wie für uns alle: Wir haben zwar eine Vielzahl möglicher Optionen, aber (a) nur begrenzte *Zeit*, (b) nur begrenzte *Mittel* (ein besonderes Problem für Kinder und Jugendliche), und (c) begrenzte Möglichkeiten, eine Vielzahl von *Beziehungen* aufzunehmen (zu anderen Menschen, aber auch zu den Imagines der Medien). Es gibt heute eine Vielzahl von moralischen und weltanschaulichen Konkurrenzen, und sogar in den einzelnen Genres – Information oder Unterhaltung etwa – liegt eine Fülle von Angeboten vor. Diese Vermehrung führt zu Hektik und Unrast und zu einem Dauergefühl des Zu-Kurz-Gekommen-Seins: Auf anderen Kanälen geschieht immer gerade das, was ich versäume. Wird dieses neue kulturelle Muster generalisiert, sind systematische Lernfortschritte erschwert. Vielleicht sind Klagen über Konzentrationsmängel von Schülern besonders am Montag (nach einem fernsehreichen Wochenende) in diesen Zusammenhang einzuordnen. Medienpädagogen hätten dann Strategien zu ersinnen, wie die Entscheidungsfähigkeit von Kindern und Jugendlichen zu stärken und zu fördern sei. Das ‚Zappen' oder ‚Channel Hopping', inzwischen anerkannt als Herstellen eines kulturellen Mix, hätte also seine problematischen Schattenseiten.

6.4.4. Ver-Oberflächlichung von Wahrnehmungstätigkeiten

Das neue Kino Hollywoods setzt besonders auf die Faszination des bewegten Bildes auf Großleinwänden. Ein Beispiel: Steven Spielbergs Film „Indianer Jones". In ihm wird eine mehrere Minuten lange Szene gezeigt, in der eine Lore mit den Helden durchs Bergwerk von Unholden jagt, vorbei an immer neuen Gefahrenstellen, rasend und lärmend. Suspense (Spannung) wird geboten, und zwar in Perfektion. Das Auge wird trunken angesichts der gezeigten Bewegungen, und entsprechend begleitet im Kino das faszinierte Starren der helle Jubel an Action-Stellen, wenn die Lore zu entgleisen droht – und sich doch im letzten Moment wieder fängt. – In der lateinischen Sprache gibt es für die Reaktion auf solche Wahrnehmungsüberwältigung ein schwer übersetzbares Wort: stupefactus sum (Ich bin starr und stumm vor Staunen, und dabei dumm.) Meine sprachlichen Mittel reichen nicht aus zu beschreiben, was ich sehe oder gesehen habe, und auch mein Auge kann es kaum einfangen, mein Verstand so schnell nicht einordnen. Dies sind Wahrnehmungs-Situationen, die relativ neu sind. Auch die Videoclips bieten sie an. Bücher lesen oder Bilder anschauen; dieses sind ‚alte' Medienrezeptions-Tätigkeiten und seit dem „Orbis Sensualium Pictus" des Amos Comenius zentraler Bestandteil unserer pädagogischen Tradition. Indem ich Bücher lese und Bilder anschaue, kann ich lernen. Bild oder Text zwingen zum Innehalten, zur *Stille*: Der Wahrnehmende muß sich konzentrieren, um zu erfassen, was sich ihm zeigt an Gehalt oder Bedeutung. Weiterhin ist für solches Erfassen Voraussetzung eine gewisse *Distanz*, die der Betrachter braucht, um sich der aufgenommenen Dinge zu vergewissern; möglich und wünschbar ist sodann der *Vergleich* mit anderen Bildern, anderen Gedanken, und schließlich: Der Leser oder Schauende kann sich bemühen um eine *Deutung* dessen, was er wahrnimmt, in sich aufnimmt, vertiefend zu verstehen trachtet. Die Rezeptions-Situation erschließt auf diese Weise geschichtliche Tiefe, denn durch die Zeiten hindurch gibt es in der Literatur wie in der bildenden Kunst ein reichhaltiges System von Verweisungen von Büchern auf Bücher, von Motiven auf Motive, von Themen auf Themen, von Begriffen auf Begriffe. Damit wird geboten die Möglichkeit einer aktiv-geistigen Durcharbeitung von Weltbeständen, und es erschließt sich ein Deutungshorizont, der einlädt zum weiteren Schauen und nachdenken. Das Muster, die Welt zu verstehen (und vielleicht auch zu genießen) ist in der abendländischen pädagogischen Tradition fest gefügt, wie auch der Schulunterricht zeigt. Ganz anders ist es nun mit den Exaltationen des bewegten Bildes in Spielbergs „Indianer Jones". Action bezieht alles auf die Flächigkeit des zu Sehenden, ohne irgendeinen Sinn noch anzudeuten. Das Geheimnis der Trickaufnahme und der Schnelligkeit besteht darin, daß nichts, was geschieht, exakt erkennbar ist (denn dann würde der Trick durchschaut und könnte nicht mehr als Überraschung genossen werden). Im Schein der Bewegung wird also ein weiterer Schein erzeugt, dem wir folgen. So genießen wir zwar die Überwältigung – so wie ich das schnelle Gleiten des Wagens über die Kurven der Achterbahn lustvoll genieße –, aber es sind Höhepunkte, die in dem Augenblick, da das Bild zusammenbricht, keine deutliche Gedächtnisspur hinterlassen. Pointiert: Während wir vom Lesen, Hören und Sehen eine strukturierte Wahrnehmungsleistung verlangen, wird diese durch gehäufte Gags, überlauten Stereoton und übereinander gehäufte Action-Momente zum blinden, aber stummen Staunen gebracht. Entsprechend sind die Reaktionen jugendlicher Zuschauer, denen kaum noch ein erzählenswertes Filmplot angeboten wird, und die darum auch darauf verzichten, noch einen ‚roten Faden‘ aufzuspüren. „Der Film war toll“, ist das Urteil; es werden *Einzelheiten* beschrieben, aber nichts Beschreib- oder gar Deutbares ist haften geblieben. Auf diese Weise werden Sehen und Hören ihrer vertiefenden Wahrnehmungsfähigkeit beraubt, sozusagen ‚verdummt‘.

Auch in diese (medienpädagogische) Darstellung haben sich bereits Wertungen eingeschlichen. Schon der Ausdruck ‚Oberflächlichkeit‘ legt dies nahe. Oberflächlichkeit ist jedem Pädagogen verhaßt; er strebt in der Regel ins Tiefe, Bedeutsame, Gehaltvolle. Warum sind wir eigentlich derart gegen die ‚Oberfläche‘? Hat nicht der französische Schriftsteller Paul Valéry gemeint, das Tiefste am Menschen sei seine Haut (und damit auf die verlorengegangene Körperlichkeit hingewiesen)? Genau, wie Routine uns vom Durchdenken von Alltagstätigkeiten entlastet, könnte Oberflächlichkeit heute angesichts der Informationenvielfalt geradezu *angebracht* sein. Wer nicht ‚abschalten‘ kann, wird von der Informationsflut überrollt, ertrinkt in ihr. Oder handelt es sich bei ‚Oberflächlichkeit‘ nicht nur um die Wiederentdeckung von Ekstasen auch mit Hilfe von Medien oder die Abwehr von Überflutungen? Und es kann ja auch sein, daß die versteckte Bilderflut (medienpädagogisch ausführlich reflektiert in: Baacke/Frank/Radde 1989) versteckte *Ordnungen* hat. Darauf weist Hans J. Wulff (1989) in seiner Analyse von Performance-Videos hin. Statt einer vom Inhalt her bestimmten Struktur werden angeboten Bilder einer Kommunikationssituation, die ein bestimmtes Aussageziel hat: eine Adressatengemeinschaft Jugendlicher zu erzeugen, eine Form subkultureller Kommunikation „in einem unter Umständen eng begrenzten sozialen Netz“ (S. 445), das durch Unkonventionalität und unzugänglichkeit auch der Grund sein könnte „für die Probleme, die die Medienpädagogik mit den Clips hat: einfach aus dem Grunde, weil sich in der Bauform der Clips ein Bewußtsein von Medialität ausdrückt, das den medienpädagogischen Reflexionsstandard längst überholt hat“ (ebd.). Dies ist ohne Zweifel eine interessante Herausforderung; sie unterstellt jedoch, MedienpädagogInnen seien so eingefangen in die Tradition pädagogischer Reflexion, daß sie deren Historizität nicht erkennen und wahrnehmen, die in ihrem eigenen Gegenstand, den Medien, demonstriert wird. Dann wäre der Verweis auf Bild und Buch eben verräterisch gewesen, der historische Modelle der Konstitution von Kommunikations- und Lernsituationen heranzieht, die, zumindest in einigen

Bereichen der Medien, durch neue Aussageweisen abgelöst sind. Wer akzeptiert, was Jugendliche besonders daran interessiert, über ästhetisch eigenartige, nicht jedem zugängliche Kommunikationssituationen zu verfügen, der entschlüsselt die hier besprochenen Codes als ganz andere Zeichen: Für ästhetische Innovation und kreative Neugestaltung von Kommunikationssituationen, also insgesamt als eine Repertoire-Anreicherung.

6.4.5. Fazit

Ob es sich bei den dargestellten ‚kommunikationskulturellen Problemlagen' tatsächlich um solche handelt oder es möglicherweise mehr um die Frage geht, inwieweit die medienpädagogische Interpretation neuer Kommunikationssituationen diese eigentlich angemessen erreicht, soll hier offenbleiben. Dies muß auch deshalb geschehen, weil die Fragen, die sich nun stellen, sehr gehaltvoll sind. Vielleicht handelt es sich um kulturelle Veränderungen, deren Ausmaß, aber auch Qualität wir derzeit noch gar nicht angemessen gewichten können. Pädagogen, immer zum Handeln aufgefordert, sind dann freilich selbst in einem Dilemma: sie wollen nicht alte Maßstäbe auf neue Kommunikationssituationen übertragen, wissen aber andererseits nicht recht, wie sie eine ‚innovative Intervention' gestalten könnten. Auch hier empfehlen sich Projekte unterschiedlicher Art, quasi als Versuchsanordnungen, aus denen dann allmählich brauchbare Ergebnisse abzuleiten wären.

6.5. Gewaltdarstellungen und Gewalt

In der Bielefelder Laborschule wird die Geschichte vom etwa 10jährigen Michael erzählt, der dem Modell von Batman (oder war es He-Man?) nacheifernd, mit kräftigem Anlauf durch die geschlossene Glastür springt. Das Gals zersplittert, er verletzt sich (glücklicherweise nicht schwer) und macht die Erfahrung, daß das, was er gesehen hat, nicht in sein eigenes Handlungsrepertoire zu überführen ist. Die Bewunderung von Kraft und Macht, von Muskeln und Action zugewandtem Wagemut verfehlt die Realität und gefährdet. Dagegen gibt es die Geschichte, die der Medienforscher Ray Brown erzählt: Ein etwa 9jähriger Junge, äußerst schüchtern und seinem Körper nicht vertrauend, klettert plötzlich auf einen Baum. Er hat Tarzan-Filme gesehen, die ihn dazu inspiriert haben. Das Tarzan-Modell hat ihn ermuntert, über den eigenen Schatten der Angst zu springen, und er hat es geschafft. Dieser Junge wurde ermutigt und gefördert; sein Handlungsspielraum hat sich erweitert, sein Selbstbewußtsein gefestigt.

Medien bieten also unterschiedliche Handlungsmodelle, und Kinder gehen unterschiedlich damit um, manchmal zu ihrem Nutzen, manchmal zu ihrem Schaden, manchmal bleibt das Gesehene auch folgenlos. Denkweisen und

Handlungen von Menschen, die fernsehen, werden von diesem Medium also nicht linear gesteuert. Als Menschen sind wir aktive, realitätsverarbeitende Subjekte; wir bestimmen ein Stück weit mit, was mit uns geschieht.

Ein Beispiel für diesen Kontext: der Horrorfilm. Bedenklich ist, wie Pädagogen mit diesen Filmen umgehen. Sie orientieren sich (wenn überhaupt) an für sie zusammengeschnittenen Extrembeispielen. Die Normalität des Horrorfils bleibt außer Acht. Es gibt natürlich viele Horrorfilme, die eine niedrige ästhetische Qualität besitzen; dann sind es häufig Imitate ursprünglich besserer Modelle (so ist „Halloween" von John Carpenter ein hervorragender Horrorfilm, die vielen Folgeprodukte sind es hingegen nicht). Ebenso, wie man nicht von einer Handvoll Primitiv-Pornos auf die Ästhetik der erotischen Kunst schließen darf, sollten auch nicht durch Splatterfilm-Grausamkeiten stimulierte Pädagogen das von ihnen sonst nicht gekannte Genre in Bausch und Bogen verurteilen. Wenn sie es tun, so vor allem wohl deshalb, weil sie *kulturelle Fremdheit* spüren, die sich mit der Sorge verbindet, Kinder und Jugendliche könnten ihnen und ihrer Aufsicht entgleiten. Büttner, selbst ein Pädagoge, hat über „Video-Horror. Schule und Gewalt' ein Buch geschrieben und stellt in seinen zusammenfassenden Thesen fest: „Möglicherweise ist der kollektive Konsum von Horror- und Gewaltvideos durch Jugendliche auch als Protest gegen kulturelle Macht und solche verordneten Beziehungen überhaupt zu verstehen, die im allgemeinen keine produktive Auseinandersetzung mit den entwicklungsbedingten Beziehungsschwierigkeiten Jugendlicher zulassen." Diese Interpretation zeigt den Mechanismus. Horror wird zum ‚Horror' erklärt, also zum pädagogischen Problem, und gerade dadurch geben PädagogInnen, gefangen in einer Spirale der Distanzierung, die Chance auf, in Beziehung zu Jugendlichen zu treten, die Horror mit Angstlust oder Spannungsvergnügen konsumieren, ja sich häufig sogar zu Genrespezialisten entwickeln. Hans Baumann in seinem Buch über „Horror. Die Lust am Grauen" (1989) stellt darum das Phänomen des Horrors dem ‚Horror der Zensur' gegenüber: Produzenten können unter dem Damoklesschwert der Zensur nur dann Gewinne erwirtschaften, wenn sie Filme schnell und billig produzieren. Sie müssen sozusagen der Verbannung ihrer Filme aus Kinos und Videotheken zuvorkommen, indem sie Kosten durch publikumswirksame Effekte so schnell einspielen, daß die Zensur nachhinkt. So produziert sie möglicherweise das, was sie verbietet. Baumann (ebd., S. 89): „Auf ähnliche Weise, wie sich die Inquisition durch ihre Definitionsmacht des Ketzertums ihre Basis als formierende Verordnungsinstitution erhielt, sorgt auch die Zensur für ihr eigenes Fortbestehen. Im übrigen ist es eine grauenhafte Pädagogik, die vom filmisch dargestellten Grauen so wenig Ahnung hat und das *reale* Grauen übersieht."

Stellen wir dagegen: Die reale Gewalt unter Jugendlichen nimmt zu. Wir beobachten das Anwachsen gewaltförmiger Auseinandersetzungen in Schulen, das Ansteigen gewalttätiger Begegnungen zwischen ausländischen und deutschen

Jugendlichen, betrachten besorgt die sich verstärkende, politisch motivierte Fremdenfeindlichkeit oder auch damit einhergehende Gewalttätigkeiten, usf. Solche Gewaltformen, die psychisch oder physisch sich gegen andere richten und destruktiv sind, können, auch dies wissen wir, vor allem auf soziale, berufliche oder politische Desintegrationserfahrungen zurückgeführt werden. Andere Gründe können sein: Ein gruppenbezogener Konformitätsdruck oder die Angst vor Solidaritätsverlusten, wenn ein Jugendlicher sich aus gewaltförmigen Aktionen heraushält. ‚Gewalt in der Schule' ist ein besonders heikles Thema, weil sich hier zwei Auffassungen gegenüberstehen in der Beantwortung der Frage, ob die Schule selbst gewaltförmig sei und daher Gewalt produziere, oder ob die Gewalt von draußen, aus den Elternhäusern und von den Straßen, vielleicht auch aus den Medien, in die Schulen hineingetragen werde. Bemerkenswert ist, daß die Ursachen für Gewalt in der Schule in der Fachliteratur *nicht* in den Medien gesucht werden, sondern in Risikofaktoren, die in der Konstruktion unserer gesellschaftlichen Wirklichkeit insgesamt aufzufinden sind. Beispiele sind ungünstige Familienverhältnisse, Integration in eine delinquente Jugendkultur, Entfremdung und Distanz zu schulischen Normen und Werten, schulisches Leistungsversagen, problematische Lehrer-/Schülerbeziehungen usf. (Hurrelmann 1990). Was folgt aus den Medienbeispielen und der Skizze einer gewalttätigen Gesellschaft: Das Thema ‚Gewalt' und ‚Gewaltausübung' kann nicht auf eine Mediendiskussion reduziert werden. Dann werden viele Ursachen gewaltförmiger Verhältnisse verschwiegen, mit der Folge, daß auch gegen sie nichts unternommen wird.

Nicht nur der Mediennutzer und seine Situation muß differenzierter betrachtet werden; auch der Blick auf Fernsehprogramme und Videoangebote sowie Kinofilme muß offener werden und einen weiteren Horizont umgreifen. Es gibt Pädagogen, die sich noch jetzt die Mühe machen, alle gewalttätigen Handlungen in einer bestimmten Zeit und in bestimmten Programmen zu zählen und zu rubrizieren. Die Ergebnisse führen zu Horrormeldungen, die auch von den Wochenmagazinen in Print und Fernsehen aufgegriffen werden. Dennoch ist ein solches Vorgehen eigentlich sinnlos und forschungsmethodisch schon deshalb bedenklich, weil eine Reduktion erfolgt auf die Vorführung des Gewaltaktes und möglicherweise noch seiner Folgen. Das Gewaltphänomen in den Programmen ist aber nicht auf die Gewalttat (die Abgabe eines Schusses, das Verprügeln einer Person usf.) konzentriert. Jede gezeigte Gewalt steht in der Regel im Zusammenhang einer Erzählung. Wird diese nicht verstanden, ist auch die gezeigte Gewalt sinnlos, bleibt moralisch sozusagen im Leeren, ist ein unerklärbarer, absoluter Akt. In den meisten Filmgeschichten ist dies aber nicht der Fall. Nehmen wir als Beispiel die Serie „Airwolf" (Paus-Haase 1991, S. 148). Die Story ist recht komplex, und eine Befragung in Kindergärten und Grundschulen ergab, daß Kinder sich „ausschließlich an Szenen erinnern, in denen der schwarze Hubschrauber zum Einsatz kommt". In der Regel sind Kinder damit kaum in der Lage, die Handlung und die Motive und Hintergründe für das, was sie sehen, angemessen zu verstehen. Dann ist auch das Verteilen von Mitleid und Ablehnung schwierig. Paus-Haase resümiert in ihrer Untersuchung: „Überschattet wird die gesamte Serie von überdurchschnittlich häufigen und brutalen Gewalt-Szenen. Da die Zusammenhänge der Geschichte von Kindern nicht verstanden werden können, stellt sich ihnen ‚Airwolf‘ vor allem als Aneinanderreihung von gewalttätigen Ereignissen dar. Der Kampfhubschrauber übt dabei eine solch‘ starke Faszination aus, daß das Verständnis der Handlung vollkommen in den Hintergrund tritt. Das negative, kampforientierte und von militärischen Aktionen dominierte Szenario macht ‚Airwolf‘ nicht nur in bezug auf das junge Publikum, sondern auch für viele der erwachsenen Zuschauer zu einer sehr umstrittenen Serie."

Betrachten wir Fernsehprogramme als Insgesamt (zunehmend verfolgen viele Zuschauer ja nicht eine einzige Geschichte, sondern reihen, als Vielseher oder Teleflaneure, mehrere Serien aneinander, oder sie wechseln die Programme und sind ständig überall Überraschungsgäste), so ist das eigentliche Problem nicht der in einem erzählten Zusammenhang gezeigte Gewaltakt, sondern die *dauernde Gewaltpräsentation*, sozusagen eine durchgehende Gewalt-*Mentalität*. In „Airwolf", so Paus-Haase (ebd., S. 125), gibt es keine Szenen, „in denen es nicht wenigstens Waffen oder Uniformen zu sehen gibt". Selbst bei einem ruhigen, entspannenden Gespräch zwischen Dom und Caitlin ist der „Airwolf" im Bild, während Caitlin damit beschäftigt ist, ihre Pistole zu reinigen. Das Vokabular, das von beiden Seiten benutzt wird, ist militärisch. ‚Panzer eliminieren‘, ‚Luft- und Bodeneinsatz vorbereiten‘, ‚volle Gefechtsbereitschaft‘, ‚durch den Kampf freiwerden‘ – das sind nur einige Beispiele. Drohgebärden, und Redeweisen – auch dies enthält Gewalt und kann manchmal wirksamer sein, als der Gewaltakt selbst, der wie eine Erlösung wirken kann, weil die Gewaltgebärde nun endlich zu ihrem Ende gekommen ist.

Und: Gewalt ist nicht nur das Thema von (meist fiktiven) Filmen, sondern befindet sich auch in anderen Programmteilen, von der aktuellen Berichterstattung bis zum Reality-TV. Problematisch ist die durchgehende, besonders akzentuierte *Dauerthematisierung von Gewalt*. Dies kann dazu führen, daß zum einen bei ängstlichen Zuschauern ein Weltbild entsteht, sie seien von lebensbedrohenden Gefahren umringt und dürften am besten nicht mehr das Haus verlassen. Daneben können die Darstellung von Gewalttätern und Gewaltakten dazu führen, daß eher marginale Gruppen (wie etwa rechtsradikale Skinheads) durch Über-Beachtung in ihrer Bedeutung gesteigert werden, sich diese Bedeutungssteigerung selbst aneignen und so zu weiteren Gewalttaten ermuntert werden.

Schließlich: Gewalt tritt über die Programme hinaus durch *Merchandising* und *CrossMarketing*. So sind auch Kinderspiele und Kinderspielzeug nicht nur (Barbara Sichtermann, Die Zeit, Nr. 44, 26.10.1991, S. 106) „Welten ohne Harm und Zwietracht außerhalb der harten Realität, sondern eher deren verdichtetes

Modell, deren übertreibende Miniatur. Zu den innovativsten und begehrtesten
Spielzeugartikeln haben stets Waffenimitate gehört. Man könnte die Geschichte
der Waffentechnik inklusive ihrer Entwicklungstendenz nach einem Rundgang
durch das Kinderzimmer schreiben. Ein Kind ohne besondere Neigung zu Streit
und Prügelei beherbergt in seiner Spielzeugkiste neben Hellebarden, Säbeln und
Platzpatronencolts gern auch eine Laserpistole, ein Raketenmodell und ein extra-
terrestrisches Feuerrohr. Eine gewissen Wahrscheinlichkeit spricht dafür, daß
dieses Kind ein Junge ist, aber das muß nicht sein." Gewalt tritt über die Ufer
der Programme, überträgt ihre Motive und Gestaltungsformen hinein in die
Kinderspiele und Kinderumgebungen. Aber, so Sichtermann am Ende ihres
Artikels: „Keine Angst, liebe pazifistische Pädagogik: Die Wahrscheinlichkeit,
daß aus einem ‚peng-peng‘-machenden, galaktischen Soldaten ein Fremdenlegio-
när wird, ist nicht größer als die, daß er zum Steuerberater oder Kfz-Schlosser
heranreift." Die Gewaltdiskussion verkürzt die Problemlage und ihre Beobachtungen, wenn sie nur auf die Punktualität, gleichsam das Konzentrat von Gewaltakten schaut und darüber vernachlässigt, daß es auch eine *Gewaltförmigkeit*
gibt, die im Arsenal der vorgeführten Gegenstände, in den Redeweisen, in den
Thematisierungshorizonten aufscheint, innerhalb und außerhalb von Fernsehprogrammen, fiktiv und real.

Die Diskussion, Medien seien die (manchmal) alleinigen Verursacher von
steigender Gewalt, erledigt sich inzwischen zunehmend. Kunczik's Zusam-
menfassung von Studien und Übersichten gilt bis heute (1987, S.160): „Auch
für das Erlernen von Aggressionen gilt, daß zunächst 1. die unmittelbare familiale Umwelt sowie 2. die Subkultur, in der man lebt, und das generelle kulturelle System die Quellen sind, aus denen aggressives Verhalten erlernt wird. Erst
an 3. Stelle treten die massenmedial angebotenen symbolischen aggressiven
Modelle hinzu." Wenn aber, wie Kunczik ebenfalls feststellt, Medien die Prozesse sozialen Wandels befördern, bliebe zu fragen, inwieweit sie nicht doch
eine wichtige Stellgröße in dem Regelkreis von Gewalt und Gewaltverstärkung
sind. Insofern ist es nicht überflüssig, wenn Aufsichtsorgane (wie die Landes-
medienanstalten, aber auch Jugendämter oder andere pädagogische Einrichtungen) Programmbeobachtung betreiben und auf entgleiste Beiträge hinweisen,
damit diese aus dem Programm genommen bzw. zu Zeiten gesendet werden,
wenn Kinder schon schlafen. Gewalt findet sich eben heute überall, und sie
sollte nirgends gefördert werden. Freilich läßt sie sich wohl auch nicht eliminieren.

Damit kommen wir zum Beitrag des *Jugendschutzes*. Was könnte er tun?
Zunehmend besteht Einigkeit darin, daß wir einen *präventiven* und *erzieherischen* Jugendschutz brauchen und nicht einen, der restriktiv kontrolliert, verbietet und bestraft. Selbständigkeit, Kompetenz- und Partizipationschancen der
Heranwachsenden sollten gefördert werden. Jugendschutz hat zudem nicht nur
vordergründig die aktuellen und alle sichtbaren, von den Medien meist wir-

kungsvoll aufgegriffenen Jugendgefährdungen ins Auge zu fassen, sondern auf
der Basis eines auf Autonomie gegründeten Menschenbildes Jugendliche nicht
zu reduzieren auf eine Problem- und Randgruppe. Vielmehr muß Jugendschutz
die Lebenslagen von Jugendlichen insgesamt bedenken. Dabei ist es notwendig,
sozusagen spiegelbildlich Lebenslagen und Lebenswelten der Erwachsenen,
insbesondere auch der pädagogisch Tätigen mit einzubeziehen. Dies bedeutet
praktisch: (a) Jugendschutz muß sich öffnen nicht nur auf Sozialarbeit, sondern
er muß Kontakte suchen zur Jugendkulturarbeit, zur Medienerziehung, zur
Schulpädagogik und Erwachsenenbildung. Mit solcher Terrainerweiterung
riskiert er zwar ein Stück weit sein sozusagen angestammtes, wohlbegrenztes
Zuständigkeitswesen, aber der Strukturwandel der Jugendphase in der modernen,
grenzüberschreitenden Informationsgesellschaft fordert ein solches Risiko der
Zusammenarbeit. (b) Als Leitlinien würden dann gelten: Jugendliche Autonomie
ist zu schützen, der einzelne Jugendliche ist nicht als isoliertes Problemglied zu
betrachten; Fragen der Technikgestaltung, der Umgang mit den neuen Medien,
die Kontrolle des Konsums von Videos sind stärker als bisher zu beachten; das
neue Gewicht, das Lebensstile heute haben, die Dimension der ästhetischen
Sozialisation sind zunehmend zentral für das Lebensgefühl von Jugendlichen
und daher auch aus der Jugendschutzdebatte nicht auszuklammern (Gewalt kann
ästhetisch sein, wird von Jugendlichen oft auch so empfunden, und dieser
Zusammenhang ist zu reflektieren); Jugendschutz muß stärker politisch sein,
indem er vor allem die neuen Tendenzen des Rechtsradikalismus unter Jugendlichen, vor allem dessen Ursachen, verstärkt behandelt, wobei vermieden werden
muß, diese Jugendlichen, die wie ihre Eltern oft nur Opfer sind, etikettierend zu
diskriminieren; Jugendschutz muß schließlich die Fragen des Zusammenlebens
verschiedener Rassen und Völker in einem Programm interkultureller Verständigung stärker als bisher beachten, denn auch hier liegen Gewaltpotentiale ver-
borgen.

6.6. Kinder und Werbung

Auch die Diskussion um das Thema ‚Kinder und Werbung‘ leidet, wie die
Diskussion um Gewalt und Medien, unter Engführungen. Soweit es die Werbe-
wirtschaft angeht, dienen die von ihr initiierten Untersuchungen von jeher dazu,
Werbemittel in Hinsicht auf verbesserten Absatz zu optimieren. Dieses Interesse
verfolgen Medienpädagogen nicht. Ihnen geht es vielmehr darum, mit den
Mittteln sozialwissenschaftlicher Forschung herauszufinden, ob Werbung soziale, kulturelle und gesamtgesellschaftliche Vorstellungsbilder von der Realität
beeinflußt, und dies besonders bei Jugendlichen und Kindern. Die Reaktion auf
die wenigen vorliegenden Untersuchungen (Baacke/Sander/Vollbrecht 1993;
Charlton/Neumann-Braun/Aufenanger/Hoffmann-Riem u. a. 1995; Baacke/Kom-

mer/Sander u. a. 1997) zeigt, daß nicht nur gegenüber der Werbung selbst, sondern auch in der Rezeption von Forschung zur Werbung Weitblick und pädagogische Souveränität fehlen. Die Mehrheit in der pädagogischen Welt hängt der ‚Verführungstheorie' an und hält Werbung, in eine Reihe gestellt mit Gewalt oder Pornographie, vorab für gefährlich und Jugendlichen wie Kindern abträglich – ohne zu beachten, daß Gewalt und Pornographie verboten sind, Werbung jedoch ein zentrales betriebswirtschaftliches Element auch unserer Kommunikationsmedien darstellt (bei den Printmedien seit jeher!). Eine diffuse, den Blick einengende Werbe-Angst geht um.

Neuerdings wird ein (auch vom Autor dieses Buches entwickelter und vertretener) *kulturtheoretischer* Interpretationszugang aufgegriffen. Er besagt, daß Werbung, ohnehin unvermeidlich, inzwischen in die Alltagskulturen von Kindern und Jugendlichen eingedrungen ist und von ihnen als selbstverständlicher Bestandteil von Sozialisation erfahren wird. Mehr als zwei Drittel der befragten Kinder haben eine positive Grundeinstellung zur Werbung. Allerdings halten nur die jüngeren Kinder, und damit ein geringer Prozentsatz, die Werbung für glaubwürdig. Diese Schere zwischen Akzeptanz trotz mangelnder Glaubwürdigkeit kann damit erklärt werden, daß auch Werbung durchaus ‚unterhaltsam' sein kann – und auf dieser Basis akzeptiert –, obwohl sie in Hinsicht auf Welterklärung oder Handlungsmotivation nicht viel wert sein mag. Stimmte dies, können wir zur Tagesornung übergehen und allenfalls für jüngere Kinder, etwa bis ins mittlere Grundschulalter, einige Bedenken hegen.

So schätzenswert der kulturtheoretische Ansatz ist, führt auch er zu einer Engführung, wenn er nur in Hinsicht auf Werbung herangezogen wird. Wir blenden dann nämlich ab, daß die Angebotsstruktur der Medien selbst sich ständig verändert – bis zu Mustern von Interaktivität, die aus ‚Rezipienten' dann ‚Nutzer' machen. Damit werden die *Wahrnehmungsmodalitäten* von Kindern und Jugendlichen beeinflußt, und auf diese Weise steht die gesellschaftliche Konstruktion der Wirklichkeitswahrnehmung selbst mit ihren Veränderungen und möglichen Einwirkungen zur Debatte. Werbung als modernes Genre hätte aus dieser Sicht schon deshalb einen zentralen Stellenwert in der Betrachtung, weil sich dann an ihr Produkt- und Rezeptions-Veränderungen am ehesten zeigen lassen.

An dieser Stelle können wir den unter ‚kommunikationskulturelle Problemlagen', behandelten Punkt der ‚Veroberflächlichung' der Wahrnehmungsweisen wieder aufnehmen. Auch die Werbung ist ja ein Angebot für Schnell-Seher. Auch sie besteht aus optischen Gags, geballten Höhepunkten, sie besteht aus Bild- und Sound-Miniaturen, aus rasanten Bildfolgen mit komischen, häufig auch surrealen Montagen. Werbung muß ‚schnell' sein, weil schon die jungen Zuschauer nicht bildtreu sind, also nur zuschauen, wenn sie gefesselt werden. Die Optionenvielfalt der Bilderangebote verstärkt diese Tendenz zum schnellen Wechsel, der nicht aufs Ganze aus ist, sondern wirkungsvolle Bruchstücke

anzielt. Bildwelten werden zu Bricolagen. Diesen Begriff hat Levi Strauss in
seiner strukturalen Anthropologie entwickelt. Wörtlich ‚basteln' meint er die
Neuordnung und Neuzusammenstellung (Rekontextualisierung) von Objekten,
um auf diese Weise neue Bedeutungen zu kommunizieren. Dies erfolgt innerhalb eines Systems von Bedeutungen, die bereits vorgängig in anderen Kontexten anzutreffen waren und nun in neue ‚übersetzt' werden. Auf diese Weise
erhält die Verwendung eines Gegenstands, eines Stils oder einer Mode in einem
anderen Kontext als dem ursprünglichen, *gestischen, demonstrativen* Charakter.
Der Begriff wird auch in der Jugendforschung verwandt. Beispiele sind die
Nachahmung des Oberklassenstils durch die Teddy-Boys der 50er Jahre in
London oder, die Verbindung von Nazi- und Jesuskreuz in den schwarzen
Kostümierungen der Punks. Die Bricolage-Techniken der Jugendlichen beziehen
sich vor allem auf ihre Kleidung. Diese Versessenheit auf Outfit hat insofern
einen identitätsphilosophischen Sinn, weil Kleidung sich am leichtesten manipu-
lieren, also auch umändern und auswechseln läßt. Sie ist immer ganz da, kennt
aber keine auf Dauer gestellten Verbindlichkeiten, denn die Mode hißt immer
neue Flaggensignale der Zukunft. So kommt es nicht mehr auf ein reich entfal-
tetes *Innenleben* an, das uns in Bildern gezeigt wird: Die Oberflächen der Bilder
selber bedeuten sich selbst und nur dies.

Damit entwickeln sich neue Formen des Verstehens. *Signalentziffern* ersetzt
häufig die *Tiefendeutung*. Unsere europäische Tradition der Hermeneutik hat uns
gelehrt, daß alles, was uns ästhetisch präsentiert wird, auch etwas ist mit ‚Bedeutung'. Was uns gezeigt wird, rückt in der Regel in übergreifende Sinnkon-
texte. Der samtige Pfirsich in einer Werbung neben das Gesicht einer Frau
gerückt, ‚bedeutet': Natürlichkeit, Gesundheit, Zartheit, Frische. Zwölf ver-
sammelte Herren stellen die biblische Szene des Abendmahls dar. Dieser Sinn
für Bedeutungen ist abhängig von Kenntnissen, Erfahrungen und der Inter-
pretationsfähigkeit des Zuschauenden. Unsere Alltagsräume sind heute mit einer
Vielzahl von Zeichen durchsetzt, von den Verkehrssignalen über die Werbung
bis zur Anordnung und Gestaltung von Straßen und Plätzen. Diese nicht mehr
einzugrenzende Optionenvielfalt von Zeichen und Sinnkombinationen ermöglicht nicht mehr, sich bestimmte Deutungsobjekte in Ruhe auszuwählen. Trick-
schnelligkeit verhindert darüber hinaus Deutungszwischenräume; der *offene*
Deutungshorizont, von dem jede hermeneutische Lehre ausgegangen ist, ist
verstellt durch die Bilder, hinter denen nicht unbedingt mehr Tiefe vermutet
werden muß. Gezeigte Realität wird zum surrealistischen Vexierspiel. Signale
vermengen sich in Bricolagen, im Outfit, in den Straßenszenen der Metropolen,
in Fernsehserien, Actionfilm usw. Dennoch: diese sich selbst überstürzende
Bilderflut ist nicht strukturlos. Im audiovisuellen Bereich der Jugendszenen hat
sich eine Welt von Verweisungen konstituiert, die nur Kennern zugänglich ist.
Der von einer Werberegisseurin inszenierte Spielfilm „Waynes World" erscheint
vielen Erwachsenen laut, langweilig oder geschmacklos. Verständlich wird er

nur dem, der die Vielzahl von alltagsweltlichen Anspielungen, die Sprach- und Spruchkürzel als Persiflage ihrer Herkünfte versteht und damit richtig deutet. Jugendliche leben heute mit Bildern und Tönen, denen Erwachsene schon deshalb fremd gegenüberstehen, weil sie die Herkunftskontexte vieler Bricolagen gar nicht genau kennen oder deuten können.

Werbung gehört in diesen Wahrnehmungswandel hinein, sie bestimmt ihn mit und gibt ihm sein Gewicht. Werbung ist schon für Kinder voller kultureller Anspielungsmuster. Sie übernehmen Jingles und Songs und ‚wissen Bescheid‘ untereinander. Sie amüsieren sich aber auch über tolpatschige Tiere, sie genießen witzige Dialoge, fetzige Musik und Zeichentrick-Einlagen. Wer die Clip-Kanäle MTV oder VIVA einschaltet, wird schnell merken, daß hier die Ästhetik des Videoclips und die Ästhetik der Werbung kaum noch zu unterscheiden sind.

Gerade diese Neukonstellationen in der optischen Wahrnehmung geben vielen Besorgnissen kulturkritischer Eltern und Pädagogen neuen Auftrieb. Werden, so wird gefragt, Kinder nicht zu hemmungslosem Konsum verführt; nimmt auf diese Weise nicht die Veroberflächlichung und Egozentrik unseres Lebens von früher Kindheit an noch erheblich zu? In Fernsehen und Radio, in Printmedien und im Kino ebenso wie in den reklameübersäten Straßen unserer Innenstädte, selbst auf Mode- und Spielzeugartikeln begegnen wir einer schier erdrückenden Fülle von Werbeangeboten. Wir scheinen sie allerdings immer weniger wahrzunehmen. Die Zuschauer, so das Ergebnis einer Studie im Auftrag der Zeitschriften „Hör Zu" und „Funk Uhr", unterhalten sich beim Fernsehen, stehen auf, essen etwas, lesen nebenbei oder beschäftigen sich sonstwie. Kein Wunder, daß dabei nichts gelernt wird. Die Nation paßt abends in der Schule der Werbung nicht mehr auf. Gerade einmal 2,8 % der Markennamen von Waschmitteln, Säften, Kaffeesorten usw. werden heute nach einer halben Stunde aus den gesendeten Werbebotschaften noch erinnert. Im Jahr 1979 war das noch anders. Damals behielt man immerhin noch 14 % der Namen. Forscher machen für diesen Umstand den mittlerweile stark angestiegenen „Werbedruck" verantwortlich. Werbung umgibt uns heute überall, die Botschaften stehen groß auf Plakatwänden, sie flimmern über den Fernsehschirm, tönen aus dem Radio, füllen Zeitschriften und Illustrierte. Das stumpft mit der Zeit ab. So gibt es neue Strategien: Werbungen werden, oft in verkürzenden Varianten, in kurzen Abständen wiederholt oder leicht abgeändert – für Werbeinteressierte ein interessantes Beobachtungs- und Studienfeld.

Für Kinder ist Werbung so selbstverständlich wie Vater und Mutter und das familieneigene Farbfernsehgerät. Seitdem wir Privatkanäle haben, dominiert die Fernsehwerbung; sie steht im Zentrum des Wahrnehmungsspektrums schon von kleineren Kindern. Ein Blick in die USA zeigt, welche Zukunft uns erreicht hat. Im amerikanischen Fernsehprogramm, so eine Inhaltsanalyse der Programme der nationalen Networks ABC, NBC und CBS, entfallen auf eine Stunde Kinderprogramm durchschnittlich 16 Produktwerbungen. Einen mittleren Fernsehkon-

sum angenommen, sahen damit amerikanische Kinder knapp 30 000 Werbespots
pro Jahr. Die für den Zeitraum 1983 bis 1987 ermittelten Daten zeigen, daß der
Anteil der Werbung um 10% angestiegen ist, insbesondere die Spielzeugwer-
bung einen erheblichen Wachstumsfortschritt anzeigte. Besonders bemerkenswert sind die inzwischen auch bei uns bekannten ‚Program Length Commerci-
als'. Es handelt sich meist um Serien, häufig Cartoons, deren Hauptfiguren als
Spielzeug oder Puppen zusätzlich kommerziell vermarktet werden (etwa ‚He-
Man', ‚Batman', ‚Masters of the Universe', ‚Biker-Mice from Mars', ‚X-Man',
‚Power-Rangers' etc.). Die im flimmernden Fernsehkasten präsentierten Figuren
materialisieren sich im Spielalltag der Kinder, dringen in ihre Wohn- und
Schlafzimmer ein und werden so zum Bestandteil ihrer alltäglichen Lebenswelt.
Kindheit ist heute also nicht nur Medien- sondern auch Werbekindheit, denn
beide sind untrennbar geworden.

Eine Analyse der Forschungsergebnisse zum Thema ‚Kinder und Werbung',
die Baacke, Sander und Vollbrecht im Rahmen eines gleichnamigen Gutachtens
für das BMFJ 1992 vorgelegt haben, zeigt die Problematik der Werbewirkungs-
forschung auf. Kausale und direkte Wirkungen zwischen Werbung und ihrer
Wirkung auf Kinder sind mit diesen bisherigen Forschungsmethoden nicht
nachweisbar und werden auch der zunehmenden Durchdringung von Kinder-
kulturen und Warenwelten nicht gerecht. Belegbar und sogar für jeden in alltäglichen Situationen erfahrbar ist hingegen die Faszination, die Werbung auf
Kinder ausübt. Im Vorabendprogramm lernen Kinder mit Leichtigkeit und
anscheinend sogar gern die bunte Warenwelt auswendig. Werbespots sind so
‚gut' gemacht, daß Kinder auf Anhieb ganze Werbeszenen nacherzählen oder
nachsingen können. Werbung wird von vielen Kindern auch nicht als Unter-
brechung des normalen Programms erfahren, sondern als integraler Bestandteil
akzeptiert. In einer österreichischen Studie wurden im Jahre 1988 Vorschulkinder zu ihren Meinungen über Werbung im Fernsehen gefragt, und die meisten (71%) sahen gern Fernsehwerbung. Nur ein Viertel lehnte sie ab, während
ein gutes Drittel sogar noch gern mehr Werbung sehen würde. Die Glaubwürdigkeit von Werbung schätzten allerdings auch hier 63% der Vorschulkinder
gering ein.

Wie Kinder Werbung einzuschätzen haben, lernen sie durch Werbung selbst
und durch die Gespräche *über* Werbung. In diesem Sinn stellt das werbeange-
füllte Vorabendprogramm in gewisser Weise sogar ein ‚Bildungsprogramm' dar.
Unsere Waren- und Konsumgesellschaft stellt sich den Kindern so vor, wie sie
auch später für Jugendliche und Erwachsene sein wird: Verführerisch, immer
mehr versprechend als haltend, vermittelt das Werbefernsehen ‚Marken-Bewußt-
sein'. Kinder, das zeigen alle Untersuchungen, sind durchaus zu einer kritischen
Auseinandersetzung mit Werbung fähig. Allerdings, auch die Ablehnung von
Werbung hat keinen negativen Einfluß auf die Nachfrage nach den dargebotenen
Produkten. Werbung hat einen fast schon unschlagbaren Charakter dadurch, daß

sie uns etwas über bestimmte Produkte vorgaukelt und damit rechnet, daß jeder die Übertreibungen und kleinen Lügen sofort erkennt. Viele Werbespots gerade für junge Menschen spielen sogar damit, das beworbene Produkt in eine Werbe-Clownerie einzubetten. Das Lockende, Überzeugende und Überredende von Werbung ist relativ abgetrennt von einer vernünftigen, kritischen Auseinandersetzung. Der Verstand kann machen, was er will. Geht es um Hamburger, Gummibärchen, Turnschuhe, Jeans oder Coca Cola, dann summen uns die Werbespots ihre übertriebenen Wahrheiten ins Ohr und weisen uns unterschwellig auf den richtigen Konsumweg, auf dem die Schranke gegen die Geheimwünsche schon beseitigt ist.

Medienpädagogische ‚Eingriffe' sind also schwer zu justieren. Je älter Kinder sind, desto kritischer werden sie gegenüber der Werbung und benutzen sie als Bestandteil ihrer Spielekultur. Dies bedeutet: Vorschulkinder, die zwischen Werbung und anderen Programmbestandteilen noch nicht unterscheiden können, bedürfen hier eines besonderen Schutzes, weil sonst Konsum und Konsumwerbung für sie unterschiedslos zusammenfließen und ihre Suche nach Entspannung, Freude, Abenteuer so durchdringen, daß Werbung, Wirklichkeit und Programmfiktion nicht mehr unterscheidbar sind. Darum muß Werbung zum einen deutlich gekennzeichnet sein; zum anderen sollte sie in Programmen für kleinere Kinder keinen oder nur wenig Platz finden. Werbung bleibt ambivalent, und das heißt: mit ihr umzugehen, auch dies muß heute gelernt werden. Eltern, Lehrern und Erziehern stellt sich hier eine wichtige Aufgabe. Nicht die Verteufelung der Werbung, aber ein kritischer, meinetwegen auch manchmal genießender Umgang mit ihr, ein waches ästhetisches Bewußtsein sind notwendig. Dies wird nicht durch Mahnungen und Verbote gefördert, sondern durch eine immer wieder kritische und realistische Auseinandersetzung mit Stil, Machart und Aussagegehalt von Werbung. Qualitätsbewußtsein ist auch hier notwendig.

6.7. Die Welt als Inszenierung

Als letztes Beispiel sei auf die ‚Macht der Sekundärerfahrung' eingegangen, die vor allem durch das Fernsehen angeliefert wird (Merkert 1992, S. 102ff.). Auch hier tut sich ein weites Diskussionsfeld auf. So gibt es die These, die Vorstellungen über Kriminalität und Kriminelle, die viele Menschen haben, hätten mit den Verbrechen zutun, die im Fernsehen imaginiert werden. Natürlich, die Wirklichkeit der Kriminalität war noch nie für jedermann zugänglich. Insofern bringt die Darstellung von kriminellen Akten sogar ein ‚Dunkelfeld' ins Licht der Betrachtung. Freilich, wir hatten schon auf verzerrende Effekte aufmerksam gemacht: Wer ständig Filme sieht, in denen Menschen körperlich bedroht werden, entwickelt weniger Lust zum Nacheifern als *Angst*. Dies gilt vor allem für Kinder, die in ihrer Bewegungsfreiheit dann auch eingeschränkt werden könnten. Medienpädagogisch betrachtet, liegt die Lösung dieses Problems nahe: Fernseh-Wirklichkeit und erlebte Wirklichkeit müssen sich immer wieder aneinander abarbeiten. Bei aufgeweckten Kindern geschieht dies quasi automatisch; dennoch haben Eltern hier eine große Verantwortung. Sie müssen sich um den Fernsehkonsum ihrer Kinder kümmern. (Jugendliche sind hier eigentlich keine besonders hervorzuhebende Problemgruppe.)

Interessanter ist die Tatsache, daß die Medien häufig Welten inszenieren, für die wir gar kein Äquivalent in der außermedialen Wirklichkeit finden können. Große Megastars des Popgeschäfts, wie *Michael Jackson* oder *Madonna* beispielsweise haben kein ‚Privatleben‘, keine ‚Hinterbühne‘, auf der sie derart anzutreffen sind, daß sich die Bekanntschaft lohnt. Die Fernsehprogramme inszenieren sich ihre eigene Welt. Ein schönes Beispiel ist die auch bei Kindern und Jugendlichen, aber auch ganzen Familien beliebte Sportart des Wrestling, die eine großartige Inszenierung von Freundschaft und Feindschaft, Sieg und Niederlage darstellt. Es geht um Szenen, die ihren Inszenierungscharakter so deutlich machen, daß die Mehrzahl der Teilnehmenden genau Bescheid weiß und das Spiel mitspielt, als Zuschauer innerhalb der Szene oder außerhalb, vor dem Fernsehgerät. Auch hier gab es zunächst lauten pädagogischen Protest: Verrohende und Kinder überfordernde Gewaltdarstellungen übelster Art wurden hier vermutet. Untersuchungen haben deutlich gemacht: beim Wrestling bildet Fernsehen nicht einfach nur ab, live- und Fernsehereignis mischen sich vielmehr: „Wrestling auf dem Bildschirm ist ein relativ neuer Typ von Fernsehserie, die aus einem Gemisch von Vereinsnachrichten und Familienstories, Kampfberichterstattung, Körperinszenierung sowie einem Tableau von Monstern, Helden und menschlichen Zerrbildern besteht. Dieses Tableau ist kaum anders als das des ‚A-Teams‘ mit seinen ähnlich unmotiviert irren Figuren, die jedoch im Falle des ‚A-Teams‘ eindeutig fiktional sind. Im Gegensatz zum Wrestling gibt das ‚A-Team‘ nicht vor, eine wahre Geschichte zu sein. Die Fiktionalität von Wrestling bleibt dagegen prinzipiell unklar, gibt es doch vor, wirklicher Kampfsport zu sein. Dazu paßt auch, daß es Wrestling in der Fernseh- und in der Sporthallen-Version gibt. Das Fernsehen bringt jedoch keine Berichterstattung zu dem Live-Ereignis; ob live im Fernsehen oder im Magazin, es handelt sich jeweils um Elemente eines Medien-Arrangements, bei dem nicht mehr zwischen Primär- und Sekundärmedium zu unterscheiden ist. Wrestling paßt zudem in eine wichtige Umwälzung beim Fernsehpublikum, das sich zunehmend mehr nach Stilen und Szenenzugehörigkeit strukturiert. Deshalb verwundert auch nicht, daß Wrestling ein Fan-Publikum hat, das es als Kampf- und gleichzeitig auch als Show definiert" (Bachmair 1996, S. 13f.).

Wrestling ist damit ein Beispiel dafür, daß die Medien selbst neue Inszenierungen produzieren, an denen dann teilgenommen werden kann. Wenn in der Sendung „Traumhochzeit" ein junges Paar, das sich vorher ebenfalls medienöffentlich getroffen hat, nun auch öffentlich feiert, so könnte kritisch eingewandt

werden: Hier heiraten zwei, die das Fernsehen zusammengebracht hat, und sie
tun dies nur, um im Fernsehen aufzutreten. Es könnte sein (wir wissen dies
nicht recht), daß diese Frage falsch gestellt ist. Gerade die Privatsender versuchen, durch Gründung von Clubs oder die Bereitstellung von Freizeitangebo-
ten selbst zu einem *Identifikationsreservoir* zu werden, das sich als inszenierte
Wirklichkeit Vorhandenem hinzufügt und sich vor allem darin unterscheidet,
daß es in der Regel laut und lustig zugeht. Auch das diffuse Genre des Reality-
TV („Wirklichkeitsfernsehen") gehört hierher. Reale Ereignisse werden entweder wirklichkeitsgetreu nachgestellt oder durch originales Filmmaterial doku-
mentiert, ohne daß die einzelnen Beiträge und die in ihnen gezeigten Ereignisse
in irgendeinem Zusammenhang miteinander stehen. Der Zusammenhang wird
erst beim Zuschauer hergestellt, in seiner psychischen Bannung und Beteiligung.
Auch hier ist die Frage zunehmend unwichtig, ob die Ereignisse sich ‚authen-
tisch' so abgespielt haben wie gezeigt; es gibt inzwischen ‚Reality-Shows',
Talk-, Psychodrama- und Action-Shows, in denen Realkonflikte der Zuschauer
dargestellt und teilweise zu einer Lösung gebracht werden sollen (Wegener
1994, S. 16).

Während es in den vorangegangenen Punkten um ‚Bricolagen' ging und die
Frage, inwieweit die Zeichenwelt selber sich neu konstituiert, geht es hier einen
Schritt weiter insofern, als die Kriterien für ‚realerfahrbare Wirklichkeit' und
‚inszenierte Wirklichkeit' immer unschärfer werden – bis zu dem Punkt, daß die
Medien selbst neue Wirklichkeiten konstituieren. Dies führt nach bisherigen
Beobachtungen übrigens nicht dazu, daß Kinder und Jugendliche sich in ihrer
unmittelbaren Wirklichkeit nicht mehr bewegen könnten. Sie wissen in der
Regel über den Inszenierungscharakter vieler Wirklichkeiten von heute Bescheid
oder lernen es, damit umzugehen. Interessanter ist die Frage, welche Wirklichkeiten die Medien dem schon reichhaltigen Optionenangebot hinzufügen und ob
es Regeln gibt, die es erlauben, zwischen wünschbaren (was das auch immer
sei) Wirklichkeiten zu wählen. Auch die Medienpädagogik kommt hier an den
Rand ihrer Kompetenzen.

6.8. Schlußbemerkung

Von der Frage nach der Pflege von Lesekultur bis zu neuen Wirklichkeitskonstruktionen über die Medien hat sich der Bogen geschwungen. Während die
Punkte 1–4 eher von der ‚Nutzerseite' ausgingen, diskutierten die Punkte 5–7
eher die Medienangebote. Es zeigte sich jedoch jeweils, daß beide Perspektiven
nicht zu trennen sind, sich vielmehr durchdringen. Medienpädagogik ist damit
aufgefordert, nicht nur die ‚Medien' und den ‚Umgang mit Medien' zu betrachten, sondern die Art und Weise, wie wir im Alltag, in unseren Lebenswelten, in
Erlebnisgesellschaften eine Kommunikationskultur untereinander pflegen und

weiterentwickeln, in denen Medien aller Art inzwischen die wichtigsten Anliefe-
rer von Materialien sind. Schon die in der Einleitung dieses Buches beispielhaft
gestellten ‚Fragen an die Medienpädagogik' zeigten die Multiperspektivität ihre
Aufgaben. Auch hier sollte exemplarisch deutlich werden, daß medienpädagogische Reflexion und Praxis immer auf den Querschnitt mindestens dreier Ebenen
bezogen ist: der personalen, der institutionell-organisatorischen, der Gesamtkon-
stitution gesellschaftlicher Kommunikationskultur.

7. Medienkompetenz als Zielorientierung

Es geht in diesem Buch darum, medienpädagogische Denk- und Handlungswege zu skizzieren. Medienpädagogik wendet sich, so hatten wir gesehen, einem neuen Raum zwischen Erziehungsinstitutionen (Familie, Schule, Gleichaltrige) und durch Medien konstituierten Erlebnisfeldern zu, der als pädagogischer Handlungsraum keine wohldefinierten Grenzen hat (vgl. die Schwierigkeiten, den Zusammenhang von ‚Sozialisation' und ‚Erziehung' zu bestimmen). Praktisch gewendet: Medienpädagogik ist insofern grenzüberschreitend, weil sie in der Familie beginnt, sich aber in der Schule fortsetzt, aber auch das Selbstlernen der *Peers* oder des sich allein bildenden Subjekts einbeziehen muß, Erwachsene und alte Menschen nicht zu vergessen (deren Situation hier nicht behandelt wurde). Möglich sollte dies werden durch ein umgreifendes Handlungskonzept, das Interaktionen und Kommunikation in Medien und außerhalb von ihnen aufeinander bezieht, unter der Leitlinie von ‚Kompetenz'. Dieser Begriff ist deshalb schwerwiegend, weil er eine anthropologische Voraussetzung und gleichzeitig einen Zielwert für die Medienpädagogik formuliert. Die Voraussetzung besteht in der Annahme, daß alle Menschen kompetente Lebewesen sind und damit ihre Kompetenz umfassend gefördert werden müsse; der Zielwert besteht in der Förderung dieser Ausstattung. Er bleibt insofern ‚formal', weil heute darauf verzichtet werden sollte, normative Zielkriterien festzulegen.

Auf der Datenautobahn werden wir bald alle fahren: Diese Prognose steht. Auch Kinder und Jugendliche sind dabei, sich von früh auf ‚einzuklicken'. Ob es sich um einen demokratischen Online-Dienst für lokale Abstimmungen handelt; ob es um multimediale, nach dem Prinzip des Edutainment gestaltete Lernprogramme schon für Vorschulkinder geht, oder ob es sich um außerpädagogische Sonderwege und Heimlichkeiten des Jugendlichen (Gewalt, Pornographie, Träume und Phantasien, Entwürfe und Hoffnungen) handeln mag – der Datenschirm überwölbt die Welt, hinter ihm ist nichts mehr zu sehen oder zu vermuten. Entsteht also eine neue Welt allumfassender Partizipation, von der auch Kinder und Jugendliche nicht mehr ausgeschlossen werden können? Oder gilt die Warnung, die z. B. in der New York Times (zitiert in Die Zeit, Nr. 20, 1996, S. 3) gegeben wird: „Selbst die minimalsten Versprechungen des Informationszeitalters werden unerfüllt bleiben, wenn der öffentliche Zugang zu Computer- und Fernmeldetechnologie nicht verbreitert wird." Dann wird die Gesellschaft bald in eine online-herrschende, voll elektronische Oberschicht und eine offline-machtlose Unterklasse zerfallen – alte Muster in einer neuen Welt, die sich nur dem Scheine nach verändert hat (vgl. Wissenskluftthese). Denn die Verteilung von Macht und Machtlosigkeit würde dann bleiben, sie wird vielleicht sogar raffinierter kaschiert und damit um so schwerer aufhebbar.

Die wichtigste Aufgabe ist also Kommunikations- und Medienkompetenz zu vermitteln, und dies für alle Menschen. In einem letzten Durchgang soll skizziert werden, wie *Medienkompetenz als Lernaufgabe* vorzustellen ist.

Videoclips sind Wahrnehmungsangebote, die gerade von Kindern und Jugendlichen mit neugieriger Offenheit angenommen werden. Das Video ,Take a Bow' erzählt, in Parallelmontage, zwei Geschichten. Eine Story zeigt ,Madonna', wie sie in einem Zimmer dem Matador begegnet und mit ihm Liebe macht. Parallel dazu, immer wieder eingeschnitten, sehen wir den Matador beim Stierkampf. Natürlich verweisen beide Sequenzen aufeinander, indem sie Liebe und Gewalt aufeinander beziehen. Solche Deutungsleistungen am visuellen Material kann jedoch nicht jeder vollbringen. Eine Studie mit Collegestudenten hat beispielsweise gezeigt, daß nur filmerfahrene Studenten (solche, die viel Fernsehen sehen oder selbst Filme machen), die Beziehungsmontage richtig deuteten. Ohne Sprache, sondern in der Verweisung von Bildern wurde Grausamkeit und Liebe, Kampf und Erlösung parallelisiert. In einem anderen Clip gab es eine Sequenz, die zeigte, wie eine Frau zum Shopping den Laden betrat; eingeschnitten waren in Wiederholung immer wieder Bilder, in denen sie in eine Kirche ging. Weniger audiovisuell Geschulte deuteten den Zusammenhang als narrative Sequenz: Für sie ging die Frau in einen Laden und (zwischendurch oder wie?) in eine Kirche (Messares 1996).

Medienwelten sind nicht nur Sprachwelten, sie sind vor allem Bilderwelten. Auch zwischen Bildern gibt es Verweise, die gedeutet werden müssen, wozu offenbar eine gewisse ,Kompetenz' gehört: Das belegen die beiden Beispiele. Aber es gibt raffiniertere Botschaften. Werbung beispielsweise, die sich an Jungen wendet, bietet schnelle Schnitte, wirkt aktiv, angespannt. Mädchen werden eher in Bildfügungen angesprochen, die ,passiv' wirken, gelassen, abwartend. Die Sekunde wird hier nicht gezählt. Unterschwellig werden auf diese Weise Signale für Männlichkeit (highspeed) und Weiblichkeit (slowness) eingeübt. Noch ein Beispiel: Wir wissen, daß Personen, beispielsweise Politiker, im Kamerawinkel von oben aufgenommen, ,klein' erscheinen, während sie, von unten aufgenommen, statuarisch-eindrucksvoll wirken.

Susanne Langer, eine Schülerin Paul Cassirers, hat *diskursive* von *präsentativen* Symbolen unterschieden und versteht unter Letzteren die Sprache der Bilder, die *analog* verstanden werden will, über das Gefühl, über die Ganzheitlichkeit von Sehen und Hören. In den USA spricht man längst von einem „new age of visual thinking" und macht darauf aufmerksam, daß die Fähigkeit zu „more analogical thinking" geübt werden müsse.

Der Computer mit seiner binären Logik scheint auf den ersten Blick solche Formen analoger Wahrnehmung zu verdrängen, ihnen zu widersprechen. Aber nur auf den ersten Blick. Wer auf der ‚Datenautobahn' fährt und sich entweder über CD ROM oder Online im Internet über einen Server Informationen besorgt, liest keinesfalls nur Texte; er kann Graphiken, Bildern stehender und bewegter Art begegnen und muß sie im Zusammenhang entziffern und deuten. Dem Textlernen aus dem Buch werden Wahrnehmungsmaterialien zugefügt, die das Entziffern-Können von analog aufgebauten Bildmaterialien, von analogen Beziehungen zwischen Bild und Musik usf. zur Voraussetzung haben, und diese Analogik muß wiederum mit der Diskursivität von Sprache und Sprachzeichen verbunden werden. Aber das Umgehen mit analogen Botschaften und das Deuten komplexer Informationsangebote gehören keineswegs schon ins Alltagsrepertoire. Erwachsene, auch Lehrer, sind häufig verunsichert und weichen den Wahrnehmungs-Innovationen eher aus. Kinder und Jugendliche sind da unbefangener (nicht nur Jungen, auch Mädchen). Jeder weiß, wie gern sie fernsehen, wie schnell sie eine Tastatur (vom Gameboy bis zum Computer) durch Versuchs- und Irrtum-Verhalten beherrschen. Aber sie lernen zwar in der Schule die traditionellen Kulturtechniken wie Lesen, Schreiben, Rechnen; der Umgang mit neuen Informationswegen wird hingegen erst geplant. Medienpädagogik steht noch immer am Rande des Schulcurriculums; ‚media literacy' ist in Deutschland ein weitgehend unbekanntes Fremdwort.

Wir haben für die neue Lernaufgabe einen eigenen Begriff gefunden: Wir sprechen von ‚Medienkompetenz', die an Kinder und Jugendliche zu vermitteln sei. Was ist damit gemeint?

Medien-Wirtschaftsförderung und Medien-Technikförderung vorausgesetzt, soll Medienkompetenz den Nutzer befähigen, die neuen Möglichkeiten der Informationsverarbeitung auch souverän handhaben zu können. Auch der humane Fortschritt geht heute – und dies ist nicht rückgängig zu machen – über elektronische Technologien. Um an ihm teilhaben zu können, benötigen wir nicht nur alle demnächst Anschlüsse, um ans Netz gehen zu können; wir müssen uns in der computerisierten Medienwelt auch zurechtfinden. Medienkompetenz will genau dies ermöglichen, und insofern umschreibt der Begriff ein durchaus übersichtlich zu machendes Arbeitsfeld, an dessen Bearbeitung Medienpädagogik entscheidenden Anteil haben wird.

1. Medienkompetenz umfaßt die Fähigkeit zu *Medienkritik*, und dies in dreifacher Weise:

    a *Analytisch* sollten problematische gesellschaftliche Prozesse (z.B. Konzentrationsbewegungen) angemessen erfaßt werden können;

    b *reflexiv* sollte jeder Mensch in der Lage sein, das analytische Wissen auf sich selbst und sein Handeln anwenden zu können;

    c *ethisch* ist die Dimension, die analytisches Denken und reflexiven Rückbezug als sozialverantwortet abstimmt und definiert.

2. Neben die Medienkritik tritt die *Medienkunde*, die das Wissen über heutige
   Medien und Mediensysteme umfaßt. Sie kann zweifach ausdifferenziert
   werden:
   a Die *informative* Dimension umfaßt klassische Wissensbestände (wie: Was
   ist ein „duales Rundfunksystem"? Wie arbeiten Journalisten? Welche
   Programm-Genres gibt es? Wie kann ich auswählen? Wie kann ich einen
   Computer für meine Zwecke effektiv nutzen? etc.);
   b die *instrumentell-qualifikatorische* Dimension meint die Fähigkeit, die
   neuen Geräte auch bedienen zu können, also z. B. das Sich-Einarbeiten in
   die Handhabung einer Computer-Software, das Sich-Einloggen-Können in
   ein Netz, usf.
   Medienkritik und Medienkunde umfaßt die Dimension der *Vermittlung*. Die
   Dimension der *Zielorientierung* liegt im Handeln der Menschen. Auch diese
   können wir doppelt ausfalten.
3. Medienhandeln ist *Mediennutzung*, die in doppelter Weise gelernt werden
   muß:
   a *Rezeptiv, anwendend* (Programm-Nutzungskompetenz);
   b *interaktiv, anbietend* (antworten können kommt vom Tele-Banken bis zum
   Tele-Shopping oder zum Tele-Diskurs).
4. Der letzte Bereich ist der der *Mediengestaltung*, ebenfalls doppelt ausfaltbar:
   a Mediengestaltung ist zum einen zu verstehen als *innovativ* (Veränderungen, Weiterentwicklungen des Mediensystems innerhalb der angelegten
   Logik) und
   b als *kreativ* (Betonung ästhetischer Varianten, das Über-die-Grenzen-der-
   Kommunikations-Routine-Gehen).
Wollen wir die so vierfach ausdifferenzierte Medienkompetenz (Medienkritik,
Medienkunde, Mediennutzung, Mediengestaltung) nicht subjektiv-individuali-
stisch verkürzen, müssen wir ein Gestaltungsziel auf überindividueller, eher
gesellschaftlicher Ebene anzielen, nämlich den *Diskurs der Informationsgesellschaft*. Ein solcher Diskurs würde alle wirtschaftlichen, technischen, sozialen,
kulturellen und ästhetischen Probleme einbeziehen, um so die ‚Medienkompetenz' auf dem Laufenden zu halten.
Ein Mangel des Begriffs ‚Medienkompetenz' ist seine pädagogische Unspezi-
fität. Er verdankt sich auch nicht unmittelbar der Tradition pädagogischer Diskur-
se, wie etwa solche hier einwohnenden Leitbegriffe wie ‚Erziehung' oder ‚Bildung', schließlich ‚Sozialisation' (auch erst neuerdings eingemeindet). Medienkompetenz gibt nicht an, wie die eben beschriebene Dimensionierung des Konzepts praktisch, didaktisch oder methodisch zu organisieren und damit zu vermitteln sei. Freilich, auch die Begriffe ‚Medienerziehung' oder ‚Medienbildung'
müssen aufgefüllt werden. Beispielsweise hat ‚Erziehung' den Vorteil, daß der
Begriff voraussetzt: Pädagogisch kundige und damit verantwortliche, professiona-
lisierte Personen streben mit ihren Schülerinnen, Schülern und Klientinnen und

Klienten in methodisch geordneten Schritten ein bestimmtes, überprüfbares Ziel
an. Wer dies aufgibt, darf dann nicht von ‚Erziehung‘ reden. Welche Inhalte und
welche Ziele freilich zu vermitteln seien, sagt auch ‚Erziehung‘ nicht. Und der
Begriff ist insofern zu eng, weil er ja nur intentional ausgerichtete Prozesse
umfaßt, sich auf Institutionen bezieht und damit die neuen Lerndimensionen, die
das Medienfeld darstellt, nicht erreichen kann. Hier setzt die ergänzende Er-
schließung kraft des Begriffs ‚Bildung‘ ein, die darin bestände, daß die Unverfüg-
barkeit des Subjekts sich nach dessen eigenen generativen Ausdrucksmustern
entfaltet, ohne durchweg immer pädagogisch und im pädagogischen Raum an-
geleitet sein zu müssen. Diese Dimensionen von ‚Erziehung‘ (im weitgefaßten
Sinn) und ‚Bildung‘ sind in ‚Medienkompetenz‘ einzudenken. Wer von Medienkompetenz redet, muß also gleichzeitig davon reden, wie diese zu vermitteln sei
und wo das Subjekt in seiner sich ausbildenden oder sich ausgebildet habenden
Selbstverantwortlichkeit seinen kommunikativen Status bestimmt.

Noch etwas ist zu bedenken: Das Kompetenz-Kriterium kann leicht rationali-
stisch verengt werden. Die *Körperlichkeit* des Menschen oder seine *Emotionali-*
tät werden häufig nicht mitgedacht. Im Gegenteil, zunächst werden diese Bereiche ausgeschaltet: Wer ‚kompetent‘ handelt, wird als jemand gedacht, der in der
Ernsthaftigkeit des Berufslebens, in politischer Verantwortung oder in fachlicher
Forschung ernsten, außer ihm liegenden Zwecken nachgeht. Gibt es nicht aber
auch eine Unterhaltungskompetenz (eines Teils von Medien-Gestaltung etwa)?
Gibt es nicht ganz selbstverständlich auch eine Kompetenz des Menschen, mit
seinem Körper angemessen umzugehen? Die männliche Verfügung über den
Kompetenzbegriff macht diesen gerade dort schwach, wo vielleicht seine Zu-
künfte liegen könnten.

7.1. Ein Blick nach vorn

Nach Alvin Tofflers futurologischer Theorie ist die Weltgeschichte in drei
Wellen abgelaufen. Die Agrarwelle begann vor 8000 bis 10000 Jahren; es
folgte die Industrialisierungswelle vor etwa 250 Jahren, und jetzt, nach dem
Zweiten Weltkrieg, haben wir die dritte und derzeit letzte Welle, die die neue
Energiequelle als *Wissen* bestimmt. Es ist die Informationsgesellschaft, die den
Modus unseres In-der-Welt-Seins heute reguliert. Nicht das Proletariat (so
Marx), sondern das Kognitariat ist heute bestimmend. Minutiös eingestellte
Technologien bauen unsere Massendemokratie (und die Massenmedien) ab; es
entsteht ein Prozeß der *Ent*massung, mit Kommunikationsinhalten, die auf
Gruppen, Individuen und bestimmte Kulturen zugeschnitten sind. Unterhaltung,
Medien, Konsumartikel, ihr Verkauf aber auch Arbeitsbedingungen und Ver-
waltungshandeln lassen einen entmassten Menschen entstehen, der nicht mehr
in erster Linie vor dem Großen Bruder „Staat“ Angst haben muß (so in George

Orwells Schreckensvision „1984"), sondern vor der Privatwirtschaft, die über
seine Kommunikations- und Eingabeprozesse seine Daten kontrolliert und
weitergeben kann. Es ist die Welt des Cyberspace, die – so ein Titel des Buches
von A. O. Hirschmann – der *American Dream* wahrmacht. Telekommunikation,
Mikroelektronik, Computernetzwerke, Softwaresysteme und deren Anwendungen
bestimmen die neuen Wachstumssektoren der Weltwirtschaft, so Hirschmann in
seiner Magna Charta for the Knowledge-Age (1994). Cyberspace ist der neue
Wilde Westen. Nach Hirschmann treten wir ein in ein neues Territorium, indem
es bislang ebensowenig Regeln gibt, wie es etwa im Jahr 1620 auf dem amerikanischen Kontinent oder auch im Jahr 1787 im Nordwestlichen Territorium
Regeln gab (nach Bredekamp 1996).

Die Freibeuter auf den Informationsmeeren sind heute die Hacker. Nicht
mehr Besitz und Produktion, sondern die Teilhabe an den Flüssen der Information, das gilt heute. Gnosis und Neuplatonismus werden neu entdeckt. Es
heißt zu Beginn der Magna Charta: „Das zentrale Ereignis des Zwanzigsten
Jahrhunderts ist der Sturz der Materie." Der körperlose Geist eines postbiolo-
gischen Zeitalters schwebt über den Informationsmeeren. Solche Visionen haben
nicht zuletzt den Begriff ‚Medienkompetenz' Furore machen lassen. Sind sie
glaubwürdig? Das ist schwer zu beurteilen. Nach einer utopielosen Zeit ist es
vielleicht gut, daß wir wieder futurologische Entwürfe haben, die faszinieren
könnten. Multimedia als Chance von Vernetzung und weltweiter (globaler)
Interaktion, die zunehmende Loslösung jeder Information von ihrem Ursprungs-
sort und ihr freies Zur-Verfügung-Stehen im Informationsmeer, das alles sind
aufregende Vorstellungen. Wir sollten sie uns nicht vorschnell verbieten. Aber:
Etwa 50 % der Bevölkerung haben noch nie ein Telefon in Händen gehalten.
Einen Taschenrechner haben 80 % noch nicht bedient. Nach einer neuen Studie
von Diebold (Der Spiegel Spezial, 3, 1996) wird nur jeder zehnte Haushalt
Deutschlands sich in zehn Jahren für Video-On-Demand entschließen und bereit
sein, durchschnittlich 20,– DM/Monat dafür auszugeben. Auch in den USA ist
es derzeit so, daß 35 Millionen von 95 Millionen US-Haushalten einen eigenen
PC besitzen. Von diesen wiederum sind es nur 25 %, die einen mit Modem
ausgerüsteten PC haben, und derzeit nutzt nur jeder siebente dieser Untergruppe
dieses Netz ausgiebig. Wir sollten also nicht übersehen, daß längst eine auf
Medienkompetenz bezogene Ungleichheit besteht, global wie national. Sie hat
ihren Ursprung in den mangelnden Förderungsvoraussetzungen von Medien-
Wirtschaft und Medien-Technik sowie ihrer mangelnden Dissemination unter
den Nutzern, die unterschiedliche Interessen und Kompetenzen haben, mit den
neuen integrierten Computer-Multimedia-Arealen umzugehen, sich in ihnen hei-
misch zu fühlen. Die imaginierte Freiheit des Cyberspace ist also empirisch sehr
ungleich verteilt, und sie wird es wohl länger bleiben. Auf dem G 7-Gipfel
(Februar 1995) erzielten die Wirtschafts- und Postminister prinzipielle Einigkeit
über sechs Voraussetzungen, diese Situation zu ändern:

1. Interoperabilität,
2. Schutz der Privatsphäre,
3. Schutz geistigen Eigentums,
4. universeller Zugang zu Netzen für alle,
5. Zugang zu Forschung und Entwicklung,
6. Zugang zu den Märkten.

Solche technischen und wirtschaftlichen Voraussetzungen sind wichtig. Sie sind zu sichern. Aber dann kommt die Forderung der ‚Medienkompetenz'-Debatte ins Spiel, den Menschen mit den einzelnen Kompetenzen auszustatten, um sich in der Informationsgesellschaft behaupten zu können und nicht ziellos durch die Informationsmeere floaten zu müssen. Dazu gehören, beispielsweise:

a. eine *Grundversorgung an Informationen* (Grundrecht auf Telefon- und Datenanschluß, damit auch diejenigen dabeibleiben können, die weder Motive noch Geld besitzen, um solche Anschlüsse aktiv zu betreiben; dazu gehört auch eine stabile Rundfunkversorgung im Rahmen eines dualen Systems, das neben Privaten auch öffentlich-rechtliche Anbieter vorhält);

b. *Gemeinwohl und Persönlichkeitsschutz* (digitale Informationen über Personen dürfen nicht beliebig kapitalisiert werden);

c. neue Formen *politischer Kommunikation und einer neuen Kommunikationskultur* (von Electronic Cities, Bürgernetzen bis zur Medien-Literacy der neuaufwachsenden Generation).

Medienkompetenz insistiert auf solchen sozialen und kulturellen Zielwerten und fordert, richtig verstanden, deren Umsetzung im Schul- und Bildungswesen, aber auch im außerschulischen Bereich ein.

Literaturverzeichnis

Adorno, Theodor W.: Prolog zum Fernsehen, in: Neun kritische Modelle, Frankfurt/Main 1963.

Alewyn, Richard/Sälzle, Karl: Das große Welttheater. Die Epoche der höfischen Feste in Dokument und Deutung. Hamburg 1959.

Aufermann, Jörg: Kommunikation und Modernisierung. München/Pullach/Berlin 1971.

Baacke, Dieter: Kommunikation und Kompetenz. Grundlegung einer Didaktik der Kommunikation und ihrer Medien. München 1972, 1980[3].

- Massenkommunikation, in: Studienreihe Politik 6, Stuttgart 1978.

- Die 6- bis 12jährigen. Einführung in die Probleme des Kindesalters. Weinheim/Basel 1994[5].

- Die 13- bis 18jährigen. Weinheim 1994[7].

- Jugendforschung und Medienpädagogik – Tendenzen, Diskussionsgesichtspunkte und Positionen, in: S. Hiegemann/W. H. Swoboda (Hg.): Handbuch der Medienpädagogik, Opladen 1994, S. 37–57.

- Zum pädagogischen Widerwillen gegen den Sehsinn, in: D. Baacke/ F. J. Röll (Hg.): Weltbilder, Wahrnehmung, Wirklichkeit, Opladen 1995, S. 25–55.

- Jugend im Spannungsfeld von Medienexpansion und sozialem Wandel. Zum Stellenwert medienpädagogischer Projektarbeit, in: GMK-Rundbrief, Nr. 39/40, 1996, S. 2–17.

Baacke, Dieter/Sander, Uwe/Vollbrecht, Ralf: Neue Netzwerke der Unmittelbarkeit und Ich-Darstellung. Individualisierungsprozesse in der Mediengesellschaft, in: Wilhelm Heitmeyer/Thomas Olk (Hg.): Individualisierung von Jugend. Weinheim/München 1990, S. 61–80.

- Medienwelten Jugendlicher, Opladen 1991.

- Kinder und Werbung. Schriftenreihe des Bundesministeriums für Frauen und Jugend, Bd. 12, Stuttgart/Berlin/Köln 1993.

Baacke, Dieter/Frank, Günter/Radde, Martin: Medienwelten – Medienorte. Jugend und Medien in Nordrhein-Westfalen. Mensch und Technik. Sozialverträgliche Technik-Gestaltung, Bd. 28, Opladen 1991.

Baacke, Dieter/Lauffer, Jürgen: Medien als Sozialisationsinstanz für Kinder und Jugendliche in Nordrhein-Westfalen, in: Kinder und Jugendliche in Nordrhein-Westfalen, 6. Jugendbericht des Ministeriums für Arbeit, Gesundheit und Soziales des Landes NW, Expertisenband. Düsseldorf 1995, S. 221–316.

Baacke, Dieter/Röll, Franz Josef (Hg.): Weltbilder, Wahrnehmung, Wirklichkeit. Der ästhetisch organisierte Lernprozeß. Opladen 1995.

Bachmair, Ben/Kress, Gunther (Hg.): Höllen-Inszenierung „Wrestling". Beiträge zur pädagogischen Genre-Forschung, Opladen 1996.

Beck, Ulrich: Risikogesellschaft. Auf dem Weg in eine andere Moderne. Frankfurt/Main 1986.

Berg, Christa: Kinderwelten, Frankfurt/Main 1991.
– Aufwachsen in der Stadtkultur, in: Kinder und Jugendliche in Nordrheinwestfalen.
   6. Jugendbericht des Ministeriums für Arbeit, Gesundheit und Soziales des Landes NW,
   Expertisen-Band. Düsseldorf 1995, S. 69–134.
Bertelsmann Stiftung (Hg.): Lesesozialisation. Bd. 1: Leseklima in der Familie; Bd. 2:
   Leseerfahrungen und Lesekarrieren. Gütersloh 1993.
Bonfadelli, Heinz: Neue Fragestellung in der Wirkungsforschung: Zur Hypothese der
   wachsenden Wissenskluft, in: Rundfunk und Fernsehen, 28, 1980, S. 173–193.
– Die Wissenskluft-Perspektive. Massenmedien und gesellschaftliche Information.
   Konstanz 1994.
Charlton, Michael/Neumann-Braun, Klaus, u. a.: Fernsehwerbung und Kinder. Das Wer-
   beangebot in der Bundesrepublik Deutschland und seine Verarbeitung durch Kinder.
   Bd. 1: Das Werbeangebot für Kinder im Fernsehen; Bd. 2: Rezeptionsanalyse und
   rechtliche Rahmenbedingungen. Opladen 1995.
Ehmer, Hermann K. (Hg.): Visuelle Kommunikation. Beiträge zur Kritik der Bewußtseins-
   industrie, Köln 1971.
Enzensberger, Hans Magnus: Bewußtseinsindustrie, in: Einzelheiten I, Frankfurt/Main
   1964.
Ferry, Luc: Der Mensch als Ästhet (homo aestheticus), Stuttgart 1992.
GMK-Rundbrief: Schwerpunkt: Medienpädagogische Projekte. Nr. 39/40, 1996.
Habermas, Jürgen: Strukturwandel der Öffentlichkeit. Berlin/Neuwied 1962.
Hurrelmann, Klaus: Gewalt in der Schule, in: H. D. Schwind u. a. (Hg.): Ursachen, Präven-
   tion und Kontrolle von Gewalt. Bd. 3, Berlin 1990, S. 363–379.
Jugendwerk der Deutschen Shell (Hg.): Jugendliche + Erwachsene '85. Bd. 2: Generationen
   im Vergleich. Freizeit und Jugendkultur. Opladen 1985.
Kob, Jan: Soziologische Theorie der Erziehung, Opladen 1976.
Königstein, Horst: Es war einmal ein Westen: Stereotyp und Bewußtsein. Wie sich macht-
   konforme Ästhetik selber zum Thema machen kann und was der Italo-Western damit
   zutun hat, in: H. K. Ehmer (Hg.): Visuelle Kommunikation, Köln 1971, S. 299–333.
Kommer, Sven: Kinder im Werbenetz. Eine qualitative Studie zum Werbeangebot und zum
   Werbeverhalten von Kindern, Opladen 1996.
Kress, Gunther/Bachmair, Ben: Genres, kulturelle Konfigurationen und die pädagogische
   Aufgabe der Literalität, in: B. Bachmair/G. Kress (Hg.): Höllen-Inszenierung „Wrest-
   ling", Opladen 1996, S. 29–40.
von Krockow, Christian: Herrschaft und Freiheit. Politische Grundpositionen der bürgerli-
   chen Gesellschaft. Studienreihe Politik 1. Stuttgart 1977.
Kunczik, Michael: Gewalt und Medien. Köln 1987.
Lauffer, Jürgen/Volkmer, Ingrid (Hg.): Kommunikative Kompetenz in einer sich ändernden
   Medienwelt. Festschrift für Dieter Baacke. Opladen 1995.
Lazarsfeld, Paul/Berelson, B./Gaudet, H.: The People's Choice. How the Voter Makes up
   his Mind in a Presidential Campaign, New York 1944.
Lefebvre, Henri: Kritik des Alltagslebens. München 1974 (Bd. 1), 1975 (Bd. 2).
Lerner, Daniel: Towards a Communication Theory of Modernization, in: L. W. Pye (Hg.):
   Communication and Political Development, Princeton 1963.
Maas, Utz: Grammatik und Handlungstheorie, in: U. Maas/D. Wunderlich: Pragmatik und
   sprachliches Handeln. Frankfurt/Main 1972.
Macher, Erwin: Individuum und Gesellschaft, Frankfurt 1964.
McLuhan, Marshall: Die magischen Kanäle. Düsseldorf 1968.

McPherson, Cyrill: Die politische Theorie des Besitz-Individualismus, Frankfurt 1967.

Merkert, Rainald: Medien und Erziehung, Darmstadt 1992, S. 102ff.

Moser, Heinz: Einführung in die Medienpädagogik. Aufwachsen im Medienzeitalter. Opladen 1995.

Nestmann, Frank: Die alltäglichen Helfer, Berlin 1988.

Paus-Haase, Ingrid (Hg.): Neue Helden für die Kleinen. Das (un)heimliche Kinderprogramm des Fernsehens. Münster 1991.

Postman, Neil: Das Verschwinden der Kindheit, Frankfurt 1983.

– Wir amüsieren uns zu Tode, Frankfurt 1985.

Pribram, Kurt: Die Entstehung der individualistischen Sozialphilosophie, Berlin 1912.

Rauscher, Alfons: Individualismus, in: Historisches Wörterbuch der Philosophie, Bd. 4, Spalte 289–291, Basel 1976.

Schenk, Michael: Meinungsführer und Netzwerke persönlicher Kommunikation, in: Rundfunk und Fernsehen, Heft 3/4, 1983, S. 326–336.

Schmidt, Claudia u. a. (Hg): Endstation Seh-Sucht? Kommunikationsverhalten und neue Medientechniken. Frankfurt/Main 1989.

Schorb, Bernd: Medienalltag und Handeln. Medienpädagogik in Geschichte, Forschung und Praxis. Opladen 1995.

Schütte, Wolfram: Präsenz – Futur – Praeteritum. Zu einer Einstellung von Straubs Chronik, in: H. K. Ehmer (Hg.): Visuelle Kommunikation, Köln 1971, S. 293–299.

Schulze, Gerhard: Die Erlebnisgesellschaft. Kultursoziologie der Gegenwart, Frankfurt/Main 1992.

Sichtermann, Barbara: Die Symbolik des Kriegsspiels: Kinder durchschauen die Wirklichkeit, in: Die Zeit, Nr. 44, 25.10.1991, S. 106.

Siegele, L.: Achtung Cyberpolitik!, in: Die Zeit, Nr. 20, 10.5.1996, S. 3f.

Spiegel spezial: Schicksal Computer. Die Multimedia-Zukunft. Heft 3, 1996.

Steinborn, Peter: Kommunikationsverhalten und Buch. Der Stellenwert von Büchern im Kommunikationsverhalten von Kindern und Jugendlichen, Bertelsmann Briefe 97, 1979, S. 3–23.

Stockinger, G.: Trampelpfade im Gehirn. Verändert der Computer die Wahrnehmung der Kinder, in: Spiegel spezial: Kinder, Kinder. Erziehung in der Krise. Nr. 9, 1995.

Sturm, Hertha/Brown, J. R. (Hg.): Wie Kinder mit dem Fernsehen umgehen. Stuttgart 1979.

Virilio, P.: Der negative Horizont. Bewegung/Geschwindigkeit/Beschleunigung. München 1989.

Vogel, Peter: Scheinprobleme der Erziehungswissenschaft, in: Zeitschrift für Pädagogik, Jg. 42,4,1996, S. 481–490.

Wegener, Claudia: Reality-TV. Fernsehen zwischen Emotion und Information. Opladen 1994.

Weischenberg, Siegfried: Der Kampf um die Köpfe. Affairen und Spielregeln der „Mediengesellschaft", Funkkolleg ,Medien und Kommunikation. Konstruktionen von Wirklichkeit', Studienbrief 1, Deutsches Institut für Fernstudien an der Universität Tübingen 1990, S. 11–49.